Reichsdramaturgie

Gunter Reiß

# Reichsdramaturgie

Kulissen und Choreographien
der Macht im NS-Staat

**Bibliografische Information der Deutschen Nationalbibliothek**
Die Deutsche Nationalbibliothek verzeichnet diese Publikation
in der Deutschen Nationalbibliografie; detaillierte bibliografische
Daten sind im Internet über http://dnb.d-nb.de abrufbar.

Gedruckt auf alterungsbeständigem,
säurefreiem Papier.

ISBN 978-3-631-66982-2 (Print)
E-ISBN 978-3-653-06117-8 (E-Book)
DOI 10.3726/978-3-653-06117-8

© Peter Lang GmbH
Internationaler Verlag der Wissenschaften
Frankfurt am Main 2016
Alle Rechte vorbehalten.
Peter Lang Edition ist ein Imprint der Peter Lang GmbH.

Peter Lang – Frankfurt am Main · Bern · Bruxelles ·
New York · Oxford · Warszawa · Wien

Das Werk einschließlich aller seiner Teile ist urheberrechtlich
geschützt. Jede Verwertung außerhalb der engen Grenzen des
Urheberrechtsgesetzes ist ohne Zustimmung des Verlages
unzulässig und strafbar. Das gilt insbesondere für
Vervielfältigungen, Übersetzungen, Mikroverfilmungen und die
Einspeicherung und Verarbeitung in elektronischen Systemen.

Diese Publikation wurde begutachtet.

www.peterlang.com

# Vorwort

Der Anlass zu diesem Buch war die Mitwirkung an einer öffentlichen Vortragsreihe über die „Künste unter dem Hakenkreuz" am Theater Münster von März bis Juni 2015 mit einem Vortrag über „Reichsdramaturgie. Theater und Politik". Unter all den in Frage stehenden spektakulären Künsten erschien das Thema „Theater" zunächst als Nebenschauplatz. Über Theater und Politik unter der Perspektive einer „Reichsdramaturgie" zu sprechen, war – das stellte sich sehr schnell heraus – mehr als der Bericht über eine in einschlägigen wissenschaftlichen Arbeiten einlässlich analysierte historische Faktenlage. Fragen der institutionellen Organisation, der Spielplangestaltung und der Akteure des Theaters traten angesichts der Komplexität des Stichworts „Reichsdramaturgie" bald in den Hintergrund.

Mit „Reichsdramaturgie" lassen sich jene Prozesse der Ästhetisierung und Theatralisierung des politischen Handelns sowie das Selbstverständnis des Staates als Kunstwerk umschreiben, die das ideologische Konzept der nationalsozialistischen Massensuggestion wesentlich bestimmt haben. Die damit verbundene Uneigentlichkeit des Begriffs „Reichsdramaturgie" erweist sich jedoch als Vorteil. Sie erlaubt es, sowohl die Instrumentalisierung des Theaters zu beschreiben, die in der Gleichschaltung von Theater und NS-Alltag endet, als auch die Inszenierungsformen des sich mit gigantischen Kulissen als ästhetisches Spektakel präsentierenden faschistischen Staates zu analysieren. Mein Erkenntnisinteresse richtet sich also auf diese Ambivalenz des Zusammenhangs von Theater und Politik.

Für einen Vortrag erwies sich das Themenfeld allerdings als zu groß dimensioniert. So entwickelte sich recht schnell das Vorhaben, den komplexen Strukturen und ästhetischen

Ausdrucksformen der totalen Vereinnahmung des deutschen Volkes in einem gründlichen Essay weiter nachzugehen, zumal auch aus der Zuhörerschaft ein solcher Wunsch nachdrücklich geäußert wurde.

Das Unterfangen, das Funktionieren jener Strategien zu durchleuchten, die die so genannte „Volksgemeinschaft" des Dritten Reiches so perfekt für die Verwandlung in ein geradezu höriges „Publikum" bereit machte, bekam allerdings eine nicht vorhersehbare Brisanz und Aktualität. Der Blick auf den historischen Gegenstand „NS-Zeit", über eine Zeitspanne von 70 Jahren nach dem Zusammenbruch der Nazi-Diktatur bis heute immer wieder höchst einlässlich in seiner Schrecklichkeit und seinen zerstörerischen Auswirkungen mit dem klaren Ziel „Nie wieder!" öffentlich diskutiert und in Konzepte der politischen Bildung eingebunden, hat sich im Verlauf des Jahres 2015 auf bestürzende Weise verändert. Aufschreckende Beispiele von rechtsradikalen Gewalttaten und nationalistischen Demonstrationen, die die Gespenster einer längst bewältigt geglaubten politischen Vergangenheit wieder aufleben lassen, sind in der deutschen Öffentlichkeit (und nicht nur in dieser) am Beispiel der alle humanen Kräfte fordernden Flüchtlingssituation zu beobachten. Rückgriffe auf Denk- und Handlungsmuster der Vergangenheit wie Ausgrenzung und Verfolgung Andersdenkender prägen Teile der deutschen Öffentlichkeit und beginnen, demokratische Übereinkünfte und Grundrechte auszuhebeln.

Die Einsicht, dass eine Auseinandersetzung mit Geschichte unser gegenwärtiges Denken und Verhalten positiv beeinflusst und die Wiederholung eines solch verheerenden politischen Epochenbruchs, wie ihn die deutsche Gesellschaft erlebt hat, unmöglich zu machen hilft, scheint in Frage gestellt zu sein. Die Entstehung meines Essays über die „Reichsdramaturgie" ist von dieser Wahrnehmung erheblich beeinträchtigt gewesen. Zu sehen, dass und wie die beschriebenen Muster der Vergangenheit in unserer Gesellschaft nachwirken, ist keine beruhigende Erkenntnis. Immer noch steht mir die Mahnung Bertolt Brechts aus den 1950er Jahren vor Augen, der als Epilog im Hitler-Stück *Arturo Ui* angefügt hat: „Der Schoß ist fruchtbar noch, aus dem das kroch." So ist die folgende Analyse auch zu einem Ort der Selbstvergewisserung des Autors über die Notwendigkeit geworden, die Auseinandersetzung mit der Vergangenheit weiterhin zum unverzichtbaren Bestandteil unseres aktuellen gesellschaftlichen Denkens und Handelns zu machen.

Sorgen und Überlegungen dieser Art sind keineswegs singulär. Öffentliche Ermahnungen, sich der Geschichtlichkeit unseres aktuellen Handelns stets bewusst zu bleiben und nicht der Verdrängung der NS-Zeit aus unserem Geschichtsbewusstsein freien Lauf zu lassen, hat es in den letzten Monaten immer wieder gegeben. Jüngst war es Peter Steinbach (*Nach Auschwitz. Die Konfrontation der Deutschen mit der Judenvernichtung.* Bonn: Dietz 2015), der deutliche Worte gefunden hat. Mich als Universitätslehrer hat vor allem seine Beobachtung, die zugleich eine Warnung ist, in besonderer Weise betroffen:

„[…] der Stellenwert der Geschichte im öffentlichen Leben sinkt. Die Zahl der Unterrichtsstunden, die für die politische Bildung reserviert sind, schrumpft. Kam es früher darauf an, Staatsbürger durch politische Bildung zu befähigen, verantwortlich in ihrem Gemeinwesen zu agieren, so geht es in Schulen und Universitäten heute zunehmend darum, sie auf ihr Berufsleben vorzubereiten. An die Stelle politischer Bildung treten neue Unterrichtsfächer wie ‚Wirtschaft und Beruf' oder ‚Digitale Grundbildung', nicht aber das kritische Nachdenken über Politik und Wirtschaft." (S. 9)

Sich bewusst machen zu können, welche Strukturen hinter den heute verbreiteten, öffentlich inszenierten Politik-Bildern wirksam sind, wäre Aufgabe (und Ziel) meines Versuchs über die „Reichsdramaturgie".

Mein herzlicher Dank gilt Wolfgang Türk, M. A., dem unermüdlichen und inspirierenden Kulturreferenten des Theaters Münster, für seine Einladung, meine Gedanken in der Vortragsreihe „Gelehrte im Theater" einer engagierten Öffentlichkeit vortragen zu können. Besonderer Dank richtet sich an Mechthild von Schoenebeck, deren kritische Auseinandersetzung mit dem Manuskript und technische Hilfe bei der Fertigstellung von unschätzbarem Wert waren.

im November 2015                                        Gunter Reiß

# Inhaltsverzeichnis

Vorwort ........................................................................ 5

Der „Neubau" des Theaters .......................................... 11

„Reichsdramaturgie" ..................................................... 16

Theatralisierung der Politik im Alltag .......................... 18

Die „Gemeinschaft der Braunhemden"
als „Schauspiel des Volkes" .......................................... 20

Die Verwandlung der Guckkastenbühne oder:
Von der Einfühlung zur Hypnose .................................. 23

Das Bühnenbild: die ins Monumentale gesteigerte
Umgebung ................................................................... 28

Heroische Landschaft und heroische Manneskraft ....... 32

Die Bühnenausstattung als Herrschaftsarchitektur ...... 38

Der „gebrochene" Bühnenboden und der Blick
nach oben ................................................................... 44

Das Eindringen des politischen Alltags in den
Fiktionsraum der Bühne ............................................... 52

Theater der Straße ...................................................... 56

Choreographie der Massenauftritte .............................. 60

Führerkult und Sakralraum ........................................... 62

Einübung in die heroische Herrlichkeit des Krieges ..... 64

Von der Bühne zum Schlachtfeld .................................. 66

Totenkult ..................................................................... 69

Strukturen der autoritären Gesellschaft ........................ 72

Held im Drama – der „Anstreicher" ............................. 76

Die „Schönheit" der Ordnung......................................... 79

Die Macht der Bilder....................................................... 84

Auszug aus der Wirklichkeit............................................ 90

Enthistorisierung als Normalisierung im Umgang
mit Zeitgeschichte? .......................................................... 92

Der „Schoß ist fruchtbar noch, aus dem das
kroch!" ............................................................................... 94

Literatur ............................................................................ 95

Abbildungsnachweis ........................................................ 98

# Der „Neubau" des Theaters

„Der neue Staat hat seine eigenen Gesetze. Ihnen unterliegen alle, vom Ersten bis zum Letzten. Auch der Künstler hat die Pflicht, sie anzuerkennen und zur Richtschnur seines schöpferischen Handelns zu machen." Mit diesen Worten setzt Joseph Goebbels, der Reichspropaganda-Minister, den wesentlichen Akzent in seiner Rede zur Gründung der Reichskulturkammer am 15. November 1933.[1] Die „neuen Aufgaben" der deutschen Kultur und Kunst sind, wie alles im Faschismus, dem totalitären System und seiner politischen Doktrin unterworfen. Indoktrinierung und Kontrolle des gesamten öffentlichen und privaten Lebens umfassen auch das Theater. So gilt das Interesse des NS-Staates dem Theater in besonderer Weise, sieht er doch in der Entwicklung und Etablierung eines „Dramas der Volksgemeinschaft"[2] den „nationalsozialistischen Kulturwillen"[3] am effektivsten umsetzbar. 1936 wird in den Dresdner Nachrichten festgestellt:

> „Man kann ruhig behaupten, daß mit dem Durchbruch der nationalsozialistischen Revolution das Theater mit am stärksten unter allen kulturellen Einrichtungen erschüttert worden ist. [...] Heute bereits, nach drei Jahren nationalsozialistischen Neubaues des deutschen Theaters, zeigt sich das Gesamtbild einer gereinigten, erneuerten, erweiterten deutschen Schaubühne in klaren Umrissen."[4]

---

1　Goebbels, Joseph: Signale der neuen Zeit. S. 335.
2　Schlösser, Rainer: Das Volk und seine Bühne. S. 38.
3　Schlösser, Rainer: Das Volk und seine Bühne. S. 37.
4　Felix Zimmermann: Neubau des Theaters durch den Nationalsozialismus. In: Dresdner Nachrichten vom 20.3.1936., zitiert nach: Wulf, Joseph: Theater und Film im Dritten Reich. S. 34.

Der „weltanschaulichen Läuterung des Bühnenwesens durch die nationalsozialistische Bewegung"[5] – so eine der Propagandaformeln – ging die „grundlegende Umschichtung des ganzen geistigen Unterbaus unseres gegenwärtigen Theaters"[6] voraus. Im bereits am 13. März 1933 errichteten Reichsministerium für Volksaufklärung und Propaganda, dem die Kulturpolitik generell unterstand, wurden die

> „Angelegenheiten des deutschen Theaterlebens [...] durch verschiedene Abteilungen bearbeitet: Haushalt (H), Personal (Pers.), Schrifttum (S), Musik (M), Ausland (A), vor allem aber durch die Theaterabteilung (T). Sie war der Führungsstab für die gesamte Personal-, Zuschuß- und Spielpolitik. Maßgebend waren die Vorschriften eines einheitlichen Theatergesetzes vom 15. Mai 1934 mit späteren Durchführungsverordnungen."[7]

Ebenfalls 1933 wird dann die Reichskulturkammer als „einheitliche berufsständische Organisation aller Kulturschaffenden"[8] gegründet, Goebbels zu ihrem Präsidenten gemacht. Die Reichstheaterkammer, ebenfalls bereits 1933 etabliert, wird die „maßgebende berufsständische Organisation für die Bühnenangehörigen[9], die Mitgliedschaft in ihr zur Pflicht und zur Voraussetzung für die Ausübung des Berufs. Was in der Auflistung der Abteilungen[10] lediglich als

---

5    Felix Zimmermann: zitiert nach: Wulf, Joseph: Theater und Film im Dritten Reich. S. 35.

6    Felix Zimmermann: zitiert nach: Wulf, Joseph: Theater und Film im Dritten Reich. S. 35.

7    Drewniak, Boguslaw: Das Theater im NS-Staat. S. 15.

8    Drewniak, Boguslaw: Das Theater im NS-Staat. S. 19.

9    Drewniak, Boguslaw: Das Theater im NS-Staat. S. 19.

10   Drewniak, Boguslaw: Das Theater im NS-Staat. S. 19/20. – Zur Organisation der Reichstheaterkammer im Einzelnen vgl. Wulf, Joseph: Theater und Film im Dritten Reich. S. 39.

bürokratisch und technisch auf Organisatorisches bezogen erscheint, ist indes Ausdruck der totalen Ideologisierung und Vereinnahmung.

Der Spielplangestaltung der deutschen Theater gilt naturgemäß die größte Aufmerksamkeit. Mit dem Amt des Reichsdramaturgen wird eine „zentrale staatliche Zensurinstanz in allen Fragen der Spielplangestaltung"[11] eingesetzt. In einer von Goebbels gebilligten „Entschließung der Reichstheaterkammer vom 21. August 1933"[12] heißt es:

> „Es ist eine wichtige Aufgabe des Reichsdramaturgen, die Anwendung der nationalsozialistischen kulturellen Grundsätze in der deutschen Theaterwelt durchzuführen. Um die Theaterbetriebe von der in dieser Hinsicht immer noch dann und wann auftretenden Unsicherheit zu befreien, hat der Herr Reichsminister den Reichsdramaturgen im Reichsministerium für Volksaufklärung und Propaganda, Dr. Rainer Schlösser, ermächtigt und beauftragt, Rat und Auskunft über die Unbedenklichkeit von Bühnenwerken zu erteilen. Der Reichsdramaturg wird diese Aufgabe im Einvernehmen mit der Reichstheaterkammer durchführen."[13]

Im Auftrag des Reichspropagandaministers, der „laut Theatergesetz berechtigt [war], die Aufführung bestimmter Werke zu verbieten oder auch zu verlangen, [...] griff der Reichsdramaturg gewöhnlich in die Spielplanpolitik ein. Ihm war vor Beginn der jeweiligen Saison von jedem Theater der Spielplan zur Genehmigung vorzulegen."[14]

Der 1899 geborene Schlösser gehörte schon früh zu den Nationalsozialisten, arbeitet seit 1924 bei der „völkischen

---

11 Drewniak, Boguslaw: Das Theater im NS-Staat. S. 34
12 Siehe Wulf, Joseph: Theater und Film im Dritten Reich. S. 39.
13 Wulf, Joseph: Theater und Film im Dritten Reich. S. 39/40.
14 Drewniak, Boguslaw: Das Theater im NS-Staat. S. 34

Presse" mit, ist als kulturpolitischer Schriftleiter des *Völkischen Beobachters* seit 1931 enger Mitarbeiter von Alfred Rosenberg, verfügt über umfangreiche kulturpolitische Praxis als Journalist und Kritiker, rangiert an führender Stelle in der Hitler-Jugend. Seit 1933 ist er Mitglied des Reichspropagandaministeriums. Das Amt des Reichsdramaturgen übernimmt er offiziell am 1. Januar 1934 und bekleidet es bis zum Sommer 1944.[15]

In einem Grundsatzreferat zur „Spielplangestaltung" umreißt Schlösser die Prinzipien der künftigen Reichsdramaturgie:

> „Es kann alles im deutschen Theater gespielt werden, was in seiner Art gekonnt und wirkungsvoll ist, wenn und soweit es in einem tragbaren Verhältnis zum Ganzen steht. Diesen Standpunkt nimmt die nationalsozialistische Kulturpolitik ein, weil sie jede Schematisierung der Form ablehnt. Nicht die Schematisierung der Form will sie, wohl aber als Höchstes die Einheit und Einheitlichkeit der Gesinnung. Je vielfältiger und vielgestaltiger in der Form ein Theater diese große Einheit der Gesinnung in wahrhaft innerlicher Gleichschaltung mit allen anderen Erscheinungstatsachen des erneuerten deutschen Lebens zum lebendigen Ausdruck bringt, um so wahrhafter und wirklicher erfüllt es seine Aufgabe, Träger und Mittler der ewigen Kunst und zugleich wertvolles Instrument dieses daseinsstarken und daseinsfrohen, lebendigen und heutigen Staates zu sein, des Staates *Adolf Hitlers* und seines kulturpolitischen Paladins, *Dr. Goebbels*, eines Staates, von dem keiner sich ausschließen kann, der da leben und mitleben will, am wenigsten das Lebendigste, was es gibt: das Theater."[16]

Die aus einer solchen Programmatik resultierende Praxis der Einflussnahme auf das Theaterleben und der mehr oder we-

---

15  Drewniak, Boguslaw: Das Theater im NS-Staat. S. 16–18
16  Schlösser, Rainer: Das Volk und seine Bühne. S. 16

niger massiven Lenkung der Spielplanpolitik zu „Nutz und Frommen der Intendanten und Dramaturgen, der Dramatiker und der Zuschauer, in summa also der ganzen Nation"[17], ist komplex und vielschichtig. Als „geistige Zentrale der deutschen Spielplanpolitik" definiert, kann der Reichsdramaturg grundsätzlich die „innere Bereitschaft des neuen deutschen Menschen" voraussetzen, um den „neuen Kurs völkischer Programmgestaltung sicherzustellen".[18] Die historische und theaterwissenschaftliche Forschung hat mit Akribie ein umfangreiches Faktenmaterial hierzu zusammengetragen und ein umfassendes Bild der nationalsozialistischen Theaterpolitik in puncto Personal- und Haushaltspolitik, Stückauswahl, Dramatikerberatung, Zuschauererziehung u. dergl. entworfen. Vor allem in Boguslaw Drewniaks inzwischen zum Standardwerk gewordenen *Szenarium deutscher Zeitgeschichte 1933–1945* wird diese Seite des Zusammenhangs von Theater und Politik im Dritten Reich auf eindrucksvolle und erschöpfende Weise abgehandelt.[19]

---

17  Über die „geistige Zentrale der deutschen Spielplangestaltung" vgl. Otto Laubinger: Die Aufgaben des Reichsdramaturgen. In: Der Autor 1933, S. 4–6. – zitiert nach: Wulf, Joseph: Theater und Film im Dritten Reich. S. 40.

18  Vgl. insbesondere die detailreiche Darstellung der „materiellen Stellung der Theaterleute im Dritten Reich", die Spielplananalysen sowie die letztlich erfolglos gebliebenen Bemühungen um eine zeitgenössische Sprechbühne bei Drewniak, Boguslaw: Das Theater im NS-Staat.

19  Drewniak, Boguslaw: Das Theater im NS-Staat.

# „Reichsdramaturgie"

Wenn in den folgenden Überlegungen das Stichwort „Reichs-dramaturgie" im Mittelpunkt meines Interesses steht, so meine ich diese vordergründige, quasi statistische Seite der NS-Theaterpolitik nicht unmittelbar. In den soeben zitierten Äußerungen von Schlösser wird nämlich auch ein anderer Zusammenhang von Theater und Politik angesprochen, um den es mir vornehmlich geht. Der im Stichwort „Reichs-dramaturgie" aufscheinende Zusammenhang von Theater und Politik, wie ihn Drewniak faktenreich dargestellt hat, ist die nur organisatorische Prozesse betreffende Oberfläche der NS-Theaterpolitik, stellt aber nicht das Zentrum meines Erkenntnisinteresses dar. Der Begriff „Reichsdramaturgie" erscheint dabei zunächst nur in seiner metaphorischen Über-tragung auf das genuin nicht theatralische Handlungsfeld Staat (Reich) in spezifischer Unschärfe. Er suggeriert, abge-leitet von seiner griechischen Wort-Wurzel „dramaturgein" (ein Drama verfassen) die Herstellung und Aufführung eines Theaterwerks, beansprucht somit im Zusammenhang mit der behaupteten Dramaturgie des „Reiches", dass in Ausübung einer Reichsdramaturgie ein (Kunst-)Werk „Reich" konzep-tionell geplant und als Aufführung hergestellt wird. Damit rückt Reichsdramaturgie in eine Parallelität zum Vorgehen ei-ner Dramaturgie des Theaters. So gesehen wird vorausgesetzt, dass der Staat als ein mit ästhetischen Mitteln produziertes Werk gemeint ist. Dennoch bleibt aber Reichsdramaturgie ein uneigentlicher theatralischer Prozess. Soweit sie sich nämlich auf die Organisationsstrukturen der Institution Theater, also eine Theaterpolitik im engeren Sinn bezieht, wird ein Zusam-menhang von Theater und Politik beschreibbar, der den Staat nicht zwingend als Kunstwerk zur Voraussetzung und zum Ziel erklärt. Ein solcher geradezu simpler Zusammenhang entspricht allerdings nicht annähernd dem allen theaterpolitischen Äußerungen des Dritten Reichs impliziten ideologischen Konzept der nationalsozialistischen Reichsdramaturgie.

Schlösser spricht in den soeben zitierten Äußerungen von einer „innerlichen Gleichschaltung" des Theaters mit den „Erscheinungstatsachen des erneuerten deutschen Lebens"[20], betont „Einheit" und „Einheitlichkeit" von theatralischer Form und Alltag, erklärt das Theater in einem weit reichenden Sinn als Instrument des Hitlerschen Staates[21]. Solchen Spuren einer Instrumentalisierung des Theaters möchte ich nachgehen und Formen von Vermischung, ja Gleichsetzung von Theater und Wirklichkeit im Faschismus beschreiben, deren scheinbar harmlos klingende Formel mit Walter Benjamin „Ästhetisierung des politischen Lebens"[22] heißt. In den Massenversammlungen, den Appellen und Festumzügen, den nächtlichen Feiern und Paraden inszeniert[23] sich der faschistische Staat mit gigantischen Kulissen und tausendfach multiplizierten „Bühnen"-Darstellern als ästhetisches Spektakel. Ein „deutsches Nationaltheater"[24] besonderer Art entsteht, dessen Dramaturgie von der „Vision einer neuen deutschen Theaterherrlichkeit der Gemeinschaft"[25] gespeist wird und das ungeschminkt seine Wurzeln in jener „Ästhetik des Krieges"[26] sucht, deren perverse Nutzanwendung die faschistischen Akteure „ihre eigene Vernichtung als ästhetischen Genuß ersten Ranges erleben läßt."[27]

---

20  Schlösser, Rainer: Das Volk und seine Bühne. S. 17.
21  Schlösser, Rainer: Das Volk und seine Bühne. S. 17
22  Benjamin, Walter: Das Kunstwerk. S. 42.
23  Zum Begriff der Inszenierung vgl. Fischer-Lichte, Erika: Theatralität und Inszenierung.
24  Schlösser, Rainer: Das Volk und seine Bühne. S. 42.
25  Schlösser, Rainer: Das Volk und seine Bühne. S. 42.
26  Benjamin, Walter: Das Kunstwerk. S. 43.
27  Benjamin, Walter: Das Kunstwerk. S. 44.

# Theatralisierung der Politik im Alltag

Die Durchdringung von Theater und politischem Alltag übersteigt die historische Faktenlage zur NS-Theaterpolitik und verweist auf die ideologische Einbettung von Theaterstrukturen in die Strategien politischer Akteure.

Der Erfolg der totalen Vereinnahmung des deutschen Volkes basiert zu einem wesentlichen Teil auf der Instrumentalisierung und Übertragung von Elementen einer theatralen Kommunikation in den Alltag. Die politische Machtsymbolik fußt bei der Herstellung ihres repräsentativen schönen Scheins extensiv auf den Illusionstechniken des Theaters. Die dadurch entstehende Inszenierung von Politik ist prinzipiell aber keineswegs eine Erfindung des NS-Regimes. Herfried Münkler[28] hat das Phänomen der Theatralisierung der Politik bis in die Antike zurückverfolgt und eine lange Reihe aufgestellt, die vom römischen Kaiser Augustus über verschiedene Stationen der europäischen Geschichte bis in das 20. Jahrhundert reicht. Münkler betont allerdings auch, dass das 20. Jahrhundert wesentliche Unterschiede zu den historischen Vorformen aufweist. An Augustus lässt sich beobachten, wie die „politische Theatralisierung"[29] zunächst funktioniert, und zwar als „Zurschaustellung politischer Prozeduren mit dem Ziel, ehemalige Politikpartizipanten in ein gut unterhaltenes Publikum zu verwandeln."[30] Dazu kommt dann die „Errichtung politischer Fassaden bzw. [die] Verwandlung einiger Politikarenen in Bühnendekorationen, um die tatsächlichen politischen Entscheidungsprozesse mehr

---

28  Münkler, Herfried: Die Theatralisierung der Politik.
29  Münkler, Herfried: Die Theatralisierung der Politik. S. 150.
30  Münkler, Herfried: Die Theatralisierung der Politik. S. 150.

und mehr den Augen des Publikums zu entziehen und auf Bereiche weit hinter der Bühne zu verlagern"[31].

Zum Ausstattungsrepertoire fürstlicher Größe und Herrlichkeit zählen stets prächtige Gebäude, exotische Tiere und große Feste, die insbesondere an den Fürstenhöfen der Renaissance den Anlass schufen, die besonderen Vorzüge des Herrschers in personalisierten Schauspielaufführungen zu feiern. Das Auftreten des Herrschers als mythologische Gestalt, speziell in den Intermezzi solcher Schauspiele, verwandelte sich in die Selbstinszenierung des fürstlichen Hofes und stellte im wörtlichen Sinne eine direkte Verbindung von Theater und Politik her. Solche Allegorisierungsprozesse mit mythologischem Personal ermöglichen es, vornehmlich gegenwärtige politische Prozesse so in Szene zu setzen, dass der Zustand des Staates und die Herrschaft des Fürsten in positives Licht gerückt werden, der Fürst in seinen Handlungen legitimiert erscheint und Widerspruch gar nicht erst aufkeimen kann. In ein „ästhetisches Spiel"[32] verpackt, zielt die politische Botschaft auf „eine Sublimation unmittelbarer Gewaltherrschaft zu einer sich ästhetisch rechtfertigenden Macht"[33]. Münkler betont in diesem Zusammenhang ausdrücklich, dass „die Theatralisierung von Herrschaft nicht in der Herstellung von Fassaden zur Verschleierung brutaler Gewaltherrschaft [aufgeht], sondern immer auch eine Dimension von Selbstbindung und Selbstbeschränkung ein[schließt]"[34].

Was aber, wenn solche Regeln außer Kraft gesetzt werden und eine Herrschaftsausübung ohne jegliche Selbstbindung

---

31 Münkler, Herfried: Die Theatralisierung der Politik. S. 150.
32 Münkler, Herfried: Die Theatralisierung der Politik. S. 151.
33 Münkler, Herfried: Die Theatralisierung der Politik. S. 152
34 Münkler, Herfried: Die Theatralisierung der Politik. S. 152.

und Selbstbeschränkung stattfindet wie im Nationalsozialismus? Auch Münkler sieht eine solche Ästhetisierung der Politik im Faschismus mit Walter Benjamin konsequenterweise als „täuschende und beschönigende Fassade vor der brutalen Gewaltausübung"[35].

## Die „Gemeinschaft der Braunhemden" als „Schauspiel des Volkes"

Doch von einer solchen Einsicht sind nationalsozialistische Ideologen natürlich nicht beeinträchtigt. Wiederum kann der Reichsdramaturg, stellvertretend für andere, hier zitiert werden. Schlösser führt die neuen Formen des nationalen Theaters „wie alle Ereignisse deutscher Wiedergeburt auf die Erlebnisse der Frontkameradschaft im [1.] Weltkrieg" zurück[36] und beschwört die „Gemeinschaftsidee" als den „heilige[n] Grund"[37], auf dem das Schauspiel des Volkes gründet. Das Volk, das sind für Schlösser die „feldgrauen Menschen"[38], die im „Opferdienst an einem Höheren, der Nation"[39], in „geradezu kultischer Geschlossenheit"[40] vereinigt, bereit sind, „ihr Blut vielleicht schon in ein paar Stunden hinzugeben"[41]. Das „Volk – das war er [der Einzelne], waren

---

35 Münkler, Herfried: Die Theatralisierung der Politik. S. 153.
36 Schlösser, Rainer: Das Volk und seine Bühne. S. 41.
37 Schlösser, Rainer: Das Volk und seine Bühne. S. 40.
38 Schlösser, Rainer: Das Volk und seine Bühne. S. 41.
39 Schlösser, Rainer: Das Volk und seine Bühne. S. 42.
40 Schlösser, Rainer: Das Volk und seine Bühne. S. 42.
41 Schlösser, Rainer: Das Volk und seine Bühne. S. 42.

seine Kameraden"[42]. Schlösser fährt fort und setzt den speziellen Akzent, auf den es hier ankommt:

> "Auf das Theater übertragen, das uns hier speziell beschäftigt: das waren die Zuschauer, das waren die Darsteller. Plötzlich empfand man die schicksalsmäßige große Gemeinschaft, die jeden Einzelnen in die Blutsbrüderschaft aller Deutschen einordnete"[43].

Diese Gleichsetzung von Zuschauer und Darsteller macht die "Schnürbodenwelt"[44] des Theaters zur Realität. Die scheinbare Uneigentlichkeit eines metaphorischen Gebrauchs der Bilder vom Theater wird indes weiter konkret gemacht. Das äußerliche Merkmal der "Uniform" sowie das innerliche der "Kameradschaft im Geiste" charakterisiert für Schlösser die Einheitlichkeit der "kostümierten Darsteller"[45]. In völligem Ernst wird diese Analogie von Realität und Theater weitergeführt und von den Weltkriegserfahrungen auf die Gegenwart und die "Mobilisierung der Nation"[46] projiziert. Hervorgehoben wird dabei die "Erziehung des deutschen Menschen zur Massenversammlung"[47], und in dieser neuen "Versammlungsform" wird ein wichtiges Element gesehen, das "auch für unser Bühnenleben fruchtbar zu machen"[48] sei. Der "Weg in die Gemeinschaft der Braunhemden"[49] wird als eine der "Voraussetzungen für eine Erneuerung des Theaters"[50] postuliert:

---

42 Schlösser, Rainer: Das Volk und seine Bühne. S. 42.
43 Schlösser, Rainer: Das Volk und seine Bühne. S. 41/42.
44 Schlösser, Rainer: Das Volk und seine Bühne. S. 40.
45 Schlösser, Rainer: Das Volk und seine Bühne. S. 42.
46 Schlösser, Rainer: Das Volk und seine Bühne. S. 40.
47 Schlösser, Rainer: Das Volk und seine Bühne. S. 40.
48 Schlösser, Rainer: Das Volk und seine Bühne. S. 40
49 Schlösser, Rainer: Das Volk und seine Bühne. S. 42/43
50 Schlösser, Rainer: Das Volk und seine Bühne. S. 43

„Nur so auch ließen sich jene großen Gliederungen anbahnen, die die einzig möglichen Träger eines Volkstheaters, wie wir es wollen, sein können: die Bataillone der Zucht, der Eingliederung und des Gehorsams, aus denen inskünftig ebenso die Dichter und Darsteller wie die Zuschauer hervorzugehen haben."[51]

Dieses „Volkstheater", in dem Darsteller und Zuschauer, Bühne und Zuschauerraum ineins fallen sollen, möchte ich an einigen Beispielen näher erläutern. Dabei wende ich den Begriff „Reichsdramaturgie" mit doppelter Blickrichtung an: Zunächst geht es um Annäherungen des Bühnenraums an die Lebenswirklichkeit, um die allmähliche Verwandlung des theatralischen Gestus in einen politischen aufzuzeigen, sodann möchte ich den umgekehrten Weg beschreiten und Beispiele der Theatralisierung der alltäglichen Lebensrealität beschreiben bzw. in den Inszenierungen politischer Zusammenhänge die im wörtlichen Sinne verstandene „Theatralik des Faschismus"[52] sichtbar machen. Ich bin dabei auf Bildmaterial angewiesen, das ich zum Teil aus NS-Wochenschaufilmen, Kultur- und Propagandafilmen des Dritten Reiches gewonnen habe. Die filmische Dokumentation von Theateraufführungen aus jener Zeit liegt naturgemäß kaum vor. Ich musste hier im Wesentlichen auf Stand- und Szenenfotos zurückgreifen – eine Einschränkung des Belegmaterials, die vielleicht deshalb nicht so schwer wiegt, weil für das NS-Regime die permanente Präsenz in den damals verfügbaren Bildmedien (Film) das wohl wichtigste Repräsentationsmittel war und deshalb auch das massenhaft produzierte Bildmaterial, das aus den NS-Wochenschaufilmen, den Kultur- und Propagandafilmen zu gewinnen ist, als Quellenmaterial für den Nachweis der Theatralik des faschistischen Deutschlands ausreichend ergiebig ist. Dass ich

---

51  Schlösser, Rainer: Das Volk und seine Bühne. S. 43
52  Diesen Begriff hat Brecht schon 1937 im *Messingkauf* geprägt (Brecht, Bertolt: Der Messingkauf. S. 558 ff.).

auf Textanalyse und Darstellung einer nationalsozialistischen Dramentheorie verzichte[53], erklärt sich aus meinem Ansatz.

## Die Verwandlung der Guckkastenbühne oder: Von der Einfühlung zur Hypnose

Die Vorstellungen vom kultischen Volksschauspiel, die Absicht, Theater als Gemeinschaftserlebnis zu inszenieren, das Darsteller und Zuschauer austauschbar macht, ließ sich nicht mit den Aufführungsformen und der Architektur des traditionellen Theaters in Einklang bringen. So wird immer wieder Kritik an der „Guckkastenbühne"[54] und am geschlossenen Theaterraum geübt. Die „höfische Tradition"[55] mit ihrer „klassenmäßige[n] Trennung der Zuschauer"[56] in Logen und Ränge beruhe auf einer „überwundenen Klasseneinteilung"[57], die als „reine Äußerlichkeit"[58] allerdings die „nationalsozia-

---

53 Vgl. die verschiedenen Arbeiten von Ketelsen, Uwe-Karsten: Heroisches Theater. Untersuchungen zur Dramentheorie des Dritten Reiches. Bonn: Bouvier 1968. (= Literatur und Wirklichkeit. 2.). – Ketelsen, Uwe-Karsten: Von heroischem Sein und völkischem Tod. Zur Dramatik des Dritten Reiches. Bonn: Bouvier 1970. (= Abhandlungen zur Kunst-, Musik- und Literaturwissenschaft. 96., und: Ketelsen, Uwe-Karsten: Völkisch-nationale und nationalsozialistische Literatur in Deutschland 1890–1945. Stuttgart: Metzler 1976. (= Sammlung Metzler. 142.).
54 Schlösser, Rainer: Das Volk und seine Bühne. S. 56.
55 Schlösser, Rainer: Das Volk und seine Bühne. S. 30.
56 Schlösser, Rainer: Das Volk und seine Bühne. S. 56.
57 Schlösser, Rainer: Das Volk und seine Bühne. S. 30/31.
58 Schlösser, Rainer: Das Volk und seine Bühne. S. 43.

listische Kulturpflege" auch im „Barocktheater" nicht „ernstlich behindern" könne[59]. Der Reichsdramaturg ist sich sicher:

> „Führen wir nationalsozialistische Menschen in einen dieser auf uns überkommenen Räume und geben wir nationalsozialistische, von Nationalsozialisten gespielte Werke, dann möchte ich sehen, ob diese Gemeinsamkeit aller die äußere Anordnung der Sitzplätze nicht völlig bedeutungslos erscheinen lässt."[60]

Schlössers Forderung: „Es muß so gespielt werden, daß das Sichtbare, die Logen, Ränge usw. unsichtbar, das Unsichtbare aber, die latente Metaphysik jeder echten Dichtung, sichtbar wird."[61] Die „theatralische Darbietung [...] muß mehr als früher über ‚die Rampe springen'"[62], das „illusionistische Theater"[63] mit seiner Trennung von Bühnengeschehen und Publikum überwunden werden.

Mit dieser Forderung befindet sich Schlösser jedoch gerade dort, wovon er sich absetzen möchte, nämlich bei der Tradition des bürgerlichen Theaters, dessen Überwindung er propagiert und das aus anderen Gründen auf eine Aufhebung dieser Trennung abzielt. Die Dramaturgie der tradierten Aufführungspraxis ist nämlich so angelegt, dass der Zuschauer sich in das Geschehen hineinversetzt und durch Einfühlung gänzlich darin aufgeht.

An diesem Punkt setzt bereits Bertolt Brecht mit scharfer Kritik an den Formen des bürgerlichen Theaters[64] an, indem er den Prozess der Einfühlung dafür verantwortlich macht,

---

59  Schlösser, Rainer: Das Volk und seine Bühne. S. 56.
60  Schlösser, Rainer: Das Volk und seine Bühne. S. 56.
61  Schlösser, Rainer: Das Volk und seine Bühne. S. 31.
62  Schlösser, Rainer: Das Volk und seine Bühne. S. 31.
63  Schlösser, Rainer: Das Volk und seine Bühne. S. 57.
64  Brecht, Bertolt: Über eine nichtaristotelische Dramatik. S. 240 ff.

dass der Zuschauer geradezu „besoffen"[65] wird von dem, was er auf der Bühne sieht. Brecht bleibt freilich bei diesem Vorwurf nicht stehen. Im Zentrum seiner Auseinandersetzung mit dem aristotelischen Theater, das er als Ursache für diese Situation benennt, geht er weit über eine bloß dramentheoretische Diskussion hinaus. Seine Theaterkritik ist zugleich Kritik der politischen Rahmenbedingungen, denen die Einfühlung des Zuschauers dienlich ist, ein Umstand, der auch in der Programmatik Schlössers selbstverständlich, allerdings mit umgekehrten Vorzeichen, als Maßstab für die so genannte Neue Zeit vorausgesetzt wird. Brechts Herangehensweise ist also nur vordergründig Dramenkritik an einem historischen Gegenstand; seine Theorie des epischen Theaters hat ihre Wurzeln und ihr Ziel in der Auseinandersetzung mit der von ihm so genannten „Theatralik des Faschismus". Im *Messingkauf*[66], in wesentlichen Teilen bereits 1937 entstanden, entwickelt er konkret und mit großem Scharfsinn eine Faschismuskritik, wie sie bis heute im Grunde nur sehr zögerlich, wenn überhaupt, zur Kenntnis genommen worden ist.[67]

Ich stütze mich in meinen weiteren Überlegungen auf Brechts Erkenntnisse und seine dort geäußerte Kritik und versuche, auf dieser methodischen Basis wesentliche Prozesse der Massensuggestion und Ästhetisierung der Politik im NS-Staat zu verstehen. Damit ordne ich meine Überlegungen ein in eine Herangehensweise, die zwar auch die Person Hitlers zum Gegenstand macht, aber vermeidet, das Funktionieren

---

65  Brecht, Bertolt: Über eine nichtaristotelische Dramatik. S. 303.
66  Brecht, Bertolt: Der Messingkauf. S. 558 ff.
67  Nicht so bei Wagner, Frank Dietrich: Hitler und die Theatralik des Faschismus; und Stollmann, Rainer: Faschistische Politik als Gesamtkunstwerk.

der NS-Propaganda ausschließlich auf Hitler zu reduzieren. Damit würde nämlich die prinzipielle Verfasstheit des faschistischen Staates dort, wo sie unverblümt und wirkmächtig zutage tritt, relativiert. Vielmehr geht es in meiner Analyse auch um grundsätzliche strukturelle Bedingungen, somit auch um die These, dass dieser Staat möglicherweise auch ohne die Führergestalt Hitlers nicht prinzipiell anders funktioniert hätte[68] – was nichts an der Erkenntnis ändert, dass Hitler ein wesentliches Element der historischen Erscheinungsform dieses faschistischen Staates gewesen ist.

Brecht setzt am Prinzip der Einfühlung in das Kunstwerk an:

> „Die Einfühlung ist das große Kunstmittel einer Epoche, in der der Mensch die Variable, seine Umwelt die Konstante ist. Einfühlen kann man sich nur in den Menschen, der seines Schicksals Sterne in der eigenen Brust trägt, ungleich uns. […] Die Menschen gehen ins Theater, um mitgerissen, gebannt, beeindruckt, erhoben, entsetzt, ergriffen, gespannt, befreit, zerstreut, erlöst, in Schwung gebracht, aus ihrer Zeit entführt, mit Illusionen versehen zu werden. All dies ist so selbstverständlich, daß die Kunst nahezu damit definiert wird, daß sie befreit, mitreißt, erhebt, und so weiter. Sie ist gar keine Kunst, wenn sie das nicht tut.“[69]

Eine Kunst aber, die so verfährt, wirkt auf den Zuschauer geradezu wie „Hypnose“. Er nimmt eine „traumbefangene, passive, in das Schicksal ergebene Haltung“ ein, „wird aus seiner Welt in die Welt der Kunst entführt“, geradezu „gekidnappt“, dort, wo er eigentlich „in seine reale Welt

---

68 So auch Wagner, Frank Dietrich: Hitler und die Theatralik des Faschismus. Über eine nichtaristotelische Dramatik. S. 561 ff. (insbes. S. 572.)

69 Brecht, Bertolt: Über eine nichtaristotelische Dramatik. S. 301.

eingeführt" werden sollte.[70] Diesem Kidnapping der Zuschauer begegnet Brecht, indem er anstelle der Einfühlung die Verfremdung als neue dramatische Verfahrensweise einführt. „Einen Vorgang oder einen Charakter verfremden heißt zunächst einfach, dem Vorgang oder dem Charakter das Selbstverständliche, Bekannte, Einleuchtende zu nehmen und über ihn Staunen und Neugierde zu erzeugen."[71] Was hier ziemlich unspektakulär klingt, ist in Wahrheit ein politisch höchst brisantes Unterfangen, denn „Verfremden heißt also Historisieren, heißt Vorgänge und Personen als historisch, also als vergänglich darstellen."[72] Dasselbe kann natürlich auch mit Zeitgenossen geschehen. Auch ihre Haltungen können als zeitgebunden, historisch, vergänglich dargestellt werden. Und Brecht spitzt noch weiter zu: Der Zuschauer erkennt die Menschen auf der Bühne nicht mehr als „ganz unveränderbare, unbeeinflußbare, ihrem Schicksal hilflos ausgelieferte dargestellt. [...] Er sieht: dieser Mensch ist so und so, weil die Verhältnisse so und so sind."[73] Beides aber, Mensch wie Verhältnisse, erscheint ihm auch anders vorstellbar. Der Zuschauer gewinnt eine „neue Haltung" gegenüber „den Abbildern der Menschenwelt auf der Bühne"[74]. Das Theater versetzt ihn in die Lage, in die „gesellschaftlichen Prozesse einzugreifen"[75]. Er wird zu einem, „der die Welt nicht mehr nur hinnimmt, sondern sie

---

70  Brecht, Bertolt: Über eine nichtaristotelische Dramatik. S. 301.
71  Brecht, Bertolt: Über eine nichtaristotelische Dramatik. S. 302.
72  Brecht, Bertolt: Über eine nichtaristotelische Dramatik. S. 302.
73  Brecht, Bertolt: Über eine nichtaristotelische Dramatik. S. 302.
74  Brecht, Bertolt: Über eine nichtaristotelische Dramatik. S. 302.
75  Brecht, Bertolt: Über eine nichtaristotelische Dramatik. S. 302.

meistert. Das Theater versucht nicht mehr, ihn besoffen zu machen."[76]

Ein solches Theater kann die nationalsozialistische Theaterpolitik natürlich nicht gebrauchen. Sie setzt ausdrücklich auf das „intuitive Aufnehmen des Ganzen"[77]. Schlösser betont die „latente Metaphysik jeder echten Dichtung"[78] und schwärmt in seinem Entwurf zum „Aufbau des deutschen Theaters" davon, „wie wenig es darauf ankommt, dass alles Einzelne rational genau verstanden wird."[79] Eben, wie Brecht sagt, „besoffen" machen!

## Das Bühnenbild: die ins Monumentale gesteigerte Umgebung

Die nationalsozialistische Theaterästhetik setzt auf wirksame Weise an der Bühnenszenerie an. Die geforderte Visualisierung einer ‚latenten Metaphysik' in der Dichtung führt zu einer spezifischen „Überhöhung" des Bühnenbildes.[80] Die Kulisse ist nicht nur Schauplatz einer Handlung, sie wird „bedeutsam", erhält symbolische Funktion und verweist auf sogenannte Urbilder des Lebens. Enthistorisierung und Monumentalisierung gehen damit einher. Uwe-Karsten Ketelsen hat diese Funktion des Bühnenbildes und der Szenerie an den Regieanweisungen

---

76 Brecht, Bertolt: Über eine nichtaristotelische Dramatik. S. 302/303.
77 Schlösser, Rainer: Das Volk und seine Bühne. S. 4.
78 Schlösser, Rainer: Das Volk und seine Bühne. S. 31.
79 Schlösser, Rainer: Das Volk und seine Bühne. S. 24.
80 Vgl. Schlösser, Rainer: Das Volk und seine Bühne. S. 9 f. und Ketelsen, Uwe-Karsten: Von heroischem Sein und völkischem Tod. S. 44.

ausgewählter NS-Dramen beschrieben.[81] Auffällig ist am Inventar der nationalsozialistischen Bühne die „Strenge der Konstruktion und die wuchtige Kargheit der Bühnenarchitektur".[82]

Die folgenden Beispiele entnehme ich der 1941 in erster Auflage erschienenen Dokumentation *Unbekanntes Theater. Ein Buch von der Regie* von Karl Blanck und Heinz Haufe.[83] Die bei Blanck und Haufe abgedruckten Bilddokumente veranschaulichen den Stellenwert des Bühnenbildes.

*Abb. 1 Franz Grillparzer:* König Ottokars Glück und Ende, *Stuttgart, Staatstheater.*

---

81 Ketelsen, Uwe-Karsten: Von heroischem Sein und völkischem Tod. S. 43 ff.

82 Ketelsen, Uwe-Karsten: Von heroischem Sein und völkischem Tod. S. 45

83 Blanck, Karl, und Heinz Haufe: Unbekanntes Theater. Der jeweils separaten Paginierung von Text- und Bildteil wird im Folgenden durch die Siglen B und T vor der Seitenzahl Rechnung getragen.

Das Bühnenbild[84] zu Grillparzers *König Ottokars Glück und Ende* in einer Inszenierung des Stuttgarter Staatstheaters. Regie: Heinz Haufe, Bühnenbild: Felix Cziossek. Der Bildkommentar zu diesem Bühnenbild im genannten Band lautet:

> „Die Verbindung von Klassik und Landschaft, die Grillparzer auszeichnet, spricht aus dem wirksamen Gegensatz der mächtigen Pilaster und der schönen böhmischen Berge des Hintergrundes."[85]

So wird, wie es in der von Karl Blanck verfassten Einleitung heißt,

> „ganz im Sinne heutiger Regieführung jede Überlastung des Bühnenbildes vermieden und die große einfache Linie eingehalten, die nur das Wesentliche und unbedingt Notwendige zuläßt. Mit der ins Monumentale gesteigerten Umgebung wächst auch der Mensch selbst zu tragischer Größe und Einsamkeit empor."[86]

Monumental ist ohne Frage auch die Bergkulisse als Bühnenbild in Schillers *Wilhelm Tell*. (Abb. 2) Im Bühnenbild zum Rütli-Schwur (Abb. 2) (stellt sich „eindrucksvoll, ergreifend, einmalig konzentriert"[87] die Wirkung der „hohen, scharfen Bergkonturen" wie von selbst ein.[88]

---

84  Blanck, Karl, und Heinz Haufe: Unbekanntes Theater. S. B 31.
85  Blanck, Karl, und Heinz Haufe: Unbekanntes Theater. S. B 31.
86  Blanck, Karl, und Heinz Haufe: Unbekanntes Theater. S. T 4.1.
87  Blanck, Karl, und Heinz Haufe: Unbekanntes Theater. S. B 32.
88  Blanck, Karl, und Heinz Haufe: Unbekanntes Theater. S. B 32.

*Abb. 2 Friedrich Schiller:* Wilhelm Tell, *Wien, Burgtheater.*

*Abb. 3 Friedrich Schiller:* Wilhelm Tell, *Darmstadt, Hessisches Landestheater.*

# Heroische Landschaft und heroische Manneskraft

„Die schwörenden Männer, dem Kreuz und der Sonne"[89] (Abb. 2) zugekehrt, stehen hier stellvertretend für die Volksgenossen auf der Bühne des Theaters und erleben in diesem Moment die geradezu magische Überwältigung durch eine Szene, die der Kommentar von 1941 als eine „religiöse" beschreibt. „Der mächtige Bergzug hat die Größe und Weihe der Natur, vor der ein Schwur für das Land Gottesdienst wird."[90] Naturerlebnis und Kunsterlebnis fallen ineins; eine religiöse Weihehaltung entsteht.

Das Publikum taucht ein in die Andacht eines religiösen Gemeinschaftserlebnisses. Der Blick und die erhobenen Hände der „schwörenden Männer" sind auf das überirdische Licht gerichtet, so, als würde aus dem diffusen Nebel eines jenseitigen Raumes ein höheres, göttliches Wesen erscheinen. Die Erwartung einer heiligen Botschaft ist den Zuschauern aus dem ideologischen Kontext des Alltags der Kundgebungen ihres Führers vertraut. „Konzentriert" und „ergreifend" – das kann man durchaus wörtlich nehmen – nennen die zeitgenössischen Kommentatoren dieses Bild, das in der Überhöhung der Szenerie in subtiler Übertragung auf der Bühne einfängt, was dem „Volksgenossen" im alltäglichen Leben zum selbstverständlichen Gestus seiner Unterwerfung geworden ist. Er musste ja immer wieder „seinen Blick aufheben zu Hitler wie zu einem ‚Gott, Kaiser/Führer', der ihm

---

89  Blanck, Karl, und Heinz Haufe: Unbekanntes Theater. S. B 32.
90  Blanck, Karl, und Heinz Haufe: Unbekanntes Theater. S. B 33.

nie als natürliche Person erschien, sondern immer umgeben war von Dekoration."[91]

> „In Feldherrnuniform fuhr er mit ausgestrecktem Arm durch breite, fahnengeschmückte Straßen. Der einzelne mußte erschauern, wenn er denjenigen sehen durfte, durch dessen Wille, Macht und Größe ihm die Existenz gewährt wurde."[92]

*Abb. 4 Adolf Hitler München, Feldherrnhalle.*

Die Dramaturgie von Leni Riefenstahls Propagandafilm *Triumph des Willens* (1935) verfolgt konsequent in der Anfangssequenz „Ankunft Hitlers" diesen Gestus und führt Hitler als geradezu gottgleiches Wesen ein. Zunächst zeigt der Film mit dem Blick aus einem Flugzeug lediglich Wolken. Unklar bleibt, wer in diesem Flugzeug sitzt und diese Wolken sieht. Mit einer ausgefeilten Musikdramaturgie werden die Wolkenbilder dann konkretisiert. Riefenstahl unterlegt diese Bilder mit dem Horst Wessel-Lied, das allen vertraut ist

---

91 Günther, Sonja: Design der Macht. S. 92.
92 Günther, Sonja: Design der Macht. S. 92.

als Parteihymne der NSDAP. „Und in diesem Augenblick, in Verbindung mit Titel und dieser Melodie hatte man die Vorstellung, das kann nur Hitlers Maschine sein."[93] Riefenstahls Film inszeniert Hitlers Ankunft auf dem Nürnberger Parteitag wie das Erscheinen eines Deus ex machina, suggeriert, „dass Hitler, einem Erlöser und einem großen Feldherrn"[94] gleich, auf das Parteitagsgelände herniedersteigt.

Für den Zuschauer der *Tell*-Aufführung gerät angesichts der weihevollen Darstellung des Rütli-Schwurs in Vergessenheit, dass es sich eigentlich um eine revolutionäre Verschwörung gegen die Staatsmacht handelt. Die Darstellung dieses revolutionären Gestus der Verschwörung verwandelt sich in die Bildlichkeit einer affirmativen Geste gegenüber einer höheren Macht. Der Revolutions-Schwur verkehrt sich in einen Treue-Schwur. Der „Gottesdienst" dieser Bühnenszene wird usurpiert von öffentlichen Auftritten des Führers und dem in diesem Zusammenhang geforderten Anbetungsverhalten.

Nicht verwunderlich, dass nach 1941 der *Wilhelm Tell* auf Anordnung von Hitler von den Spielplänen verschwand. Aufgrund der Erfahrungen des Krieges war durchaus zu befürchten, dass der eigentliche Kern dieser Szene wieder in das Bewusstsein der Zuschauer zurückkehren könnte. In den Jahren 1933 und 1934 war der Rütli-Schwur „der am häufigsten zitierte Schiller-Text und wurde übereinstimmend als mahnende Forderung an das Publikum gedeutet, die im Deutschen Reich durch den Führer Adolf Hitler gewonnene Einheit zu stärken und nicht mehr aufzugeben."[95] Über eine Aufführung in Dresden am 2. Juni 1934 berichtet der *Völkische Beobachter*:

---

93  Riefenstahl, Leni. Dargestellt von Mario Leis. S. 73.
94  Riefenstahl, Leni. Dargestellt von Mario Leis. S. 74.
95  Klassiker in finsteren Zeiten 1933–1945. S. 414.

„Die entscheidendste Szene des Schillerschen ,Tell' ist für das Theater von heute die Rütliszene. Hier wurde nationale Kulthandlung früh weithin sichtbar auf die deutsche Bühne gebracht, hier haben wir … chorisches Theater von großem Ausmaß… Naturhafte Siedler verließen ihren Alltag und wuchsen um des Vaterlandes willen in eine heldische Sendung hinein. In einem höheren Sinn wurden Männer, Frauen, Kinder als Volksgenossen zu Angehörigen alten Menschheitsadels. Der Freiheitskämpfer aus persönlichen Motiven läuterte sich zum Rebellen und rettete den Staat. Friedrich Schiller, der Klassiker, war als völkischer Dichter der Gegenwart unter uns getreten… Schauspieler und Zuschauer traten zusammen in den Rang einer heroischen Willensgemeinschaft, zur lodernden Forderung des Tages wurde der Rütlischwur…"[96].

Die Überformung eines historisch belegten rituellen Vorgangs wie der Schwur-Szene durch NS-Ideologie gehört zu den gängigen Strategiemustern der NS-Propaganda. Ernst Bloch hat schon 1933, diese Strategie, Traditionen zu besetzen, in einem „Inventar des revolutionären Scheins"[97] ausführlich beschrieben, das Frank Dietrich Wagner auf den Nenner „Raub der Symbole" gebracht hat[98].

Ernst Bloch hat damit auf den besonderen Zusammenhang von Politik und Ästhetik hingewiesen, noch bevor Bertolt Brecht im „Messingkauf" die „Theatralik des Faschismus" beschrieben hat. Blochs Ansatz ist ein wesentlicher Beitrag zur Analyse der „Massenwirksamkeit' des deutschen Faschismus"[99]. Er ermöglicht eine plausible Erklärung, ohne beim bloßen Rückgriff auf die suggestive Gewalt der Person

---

96  Zitiert nach: Klassiker in finsteren Zeiten 1933–1945. S. 416.

97  Bloch, Ernst: Erbschaft dieser Zeit. S. 70 ff.

98  Wagner, Frank Dietrich: Hitler und die Theatralik des Faschismus. S. 576

99  Wagner, Frank Dietrich: Hitler und die Theatralik des Faschismus. S. 576.

Hitlers stehen zu bleiben, indem er die perfekt funktionierende Identifizierung an der grundsätzlichen Transformationsarbeit der faschistischen Herrschaftsstruktur belegt. Mit dem „Raub der Symbole" wird der „revolutionäre Schein der Bewegung"[100] benannt:

> „‚[Man] stahl die Straße, den Druck, den sie ausübt. Den Aufzug, die gefährlichen Lieder, welche gesungen worden waren. Was die roten Frontkämpfer begonnen hatten: den Wald von Fahnen, den Einmarsch in den Saal, genau das machten die Nazis nach'".[101]

Von der roten Fahne bis hin zur Maifeier: Bloch führt eine lange Liste von Beispielen an[102]. Eine Zuspitzung dieser Übernahmen stellt die Plakette dar, die zum 1. Mai 1934, dem Traditionstag der Arbeiterbewegung, ausgegeben wurde.

*Abb. 5 Plakette zum 1. Mai 1934.*

---

100 Wagner, Frank Dietrich: Hitler und die Theatralik des Faschismus. S. 576. – Bloch spricht u. a. vom „Diebstahl ihrer Embleme" (S. 75).

101 Bloch, Ernst: Erbschaft dieser Zeit. S. 70.

102 Bloch, Ernst: Erbschaft dieser Zeit. S. 70 ff.

Sie „zeigt auf ihren Flügeln sogar Hammer und Sichel, die Traditionssymbole der Arbeiterbewegung. Ein Jahr später sind sie schon verschwunden, doch die Übernahme und Besetzung hat ihre Funktion erfüllt"[103]. Die

> „faschistische Transformation des Ersten Mai von einem Demonstrationstag der Arbeiterklasse zu einem Staatsakt für das ganze Volk ist mit dem Terminus Raub aber nur teilweise erklärt. Wichtiger ist die strategische Entscheidung, den Traditionstag überhaupt ideologisch zu besetzen und über ihn Identifikationsprozesse zu organisieren".[104]

Die „ideologische Transformation vom Klassenkampf zur Volksgemeinschaft" wird in diesem Beispiel „an einem Material vollzogen", das allgemein bekannt ist und „im Erfahrungshorizont eines jeden liegt" – also im Medium des Alltäglichen[105]. Damit ist ein Aspekt angesprochen, an dem auch Brecht ansetzt und auf den ich an späterer Stelle noch einmal zurückkomme.

---

103  Wagner, Frank Dietrich: Hitler und die Theatralik des Faschismus. S. 577.
104  Wagner, Frank Dietrich: Hitler und die Theatralik des Faschismus. S. 577.
105  Wagner, Frank Dietrich: Hitler und die Theatralik des Faschismus. S. 577.

# Die Bühnenausstattung als Herrschaftsarchitektur

Zurück zu den Klassiker-Inszenierungen:

*Abb. 6 Friedrich Hebbel:* Die Nibelungen, *München, Staatstheater.*

Auch in der Inszenierung von Friedrich Hebbels *Die Nibelungen*[106] (Abb. 6) am Staatstheater München in der Regie von Willy Meyer-Fürst ist die beschriebene Nähe zum ideologischen Alltag zu beobachten. Der Kommentar von Blanck und Haufe betont die in der räumlichen Gliederung der Bühne

---

106   Blanck, Karl, und Heinz Haufe: Unbekanntes Theater. S. B 13.

zum Ausdruck kommende Achse von oben nach unten als Herrschaftsgestus: „Die gut gegliederte Bewegung und der hündische Ausdruck [sic!] der Krieger Etzels bilden einen eindrucksvollen Gegensatz zu der stolzen Ruhe und Unnahbarkeit Kriemhilds"[107].

Den Hinweis auf die hier mitinszenierte Rassenideologie will ich im Moment unkommentiert lassen, lediglich darauf aufmerksam machen, dass bereits in Fritz Langs Film *Die Nibelungen* von 1922/23 die Hunnen noch wesentlich diskriminierender als Untermenschen und Ungeziefer vorgeführt werden. Dort springen sie von den Bäumen wie lästige Zecken und kriechen auf dem Boden umher wie Ratten, Mäuse und Kakerlaken – ein den Nazis willkommenes Bildmuster, das diese gerne weiter verwendet haben.

Die räumliche Gliederung der Bühne in der Hebbel-Inszenierung sowie die Dominanz der „heroisierenden", schicksalsträchtigen Kulissen lenken vor allem die Aufmerksamkeit auf einen formalen Gestus der Architektur des Dritten Reiches. Die Monumentalbauten[108] des Reichsparteitags in Nürnberg, die Gestaltung etwa des Münchener Königsplatzes sowie die für Berlin verwirklichten oder nur geplanten Bauwerke sind dieser Art von Bühnenbild nicht fern. Bühnenrealität und Lebenswirklichkeit rücken auch hier für den Blick des Theaterzuschauers im äußeren Erscheinungsbild eng zusammen und werden in ihrer ästhetischen Sinnfälligkeit als offenkundige Analogie wahrgenommen.

---

107  Blanck, Karl, und Heinz Haufe: Unbekanntes Theater. S. B 13.
108  Vgl. auch die Arbeiten von Bartetzko, Dieter: Zwischen Zucht und Ekstase. – Kießling, Regine, Gisela Kraut und Ulrich Wanitzek: Großbauten des Staates und der Partei. – Reichel, Peter: Der schöne Schein des Dritten Reiches. – Heinrich, Klaus: Karl Friedrich Schinkel. Albert Speer.

Dass eine solche Analogie nicht zufällig entsteht, hat Winfried Nerdinger am Beispiel der Umgestaltung des Münchener Königsplatzes eindrucksvoll beschrieben: „Architektonische Präsenz war ein zentraler Teil der politischen Strategie des NS-Regimes: Ziel war die ästhetische Verankerung des nationalsozialistischen Machtanspruchs in der Alltagsoptik."[109]

Die Herrschaftsarchitektur geht ein in die Bildlichkeit der Bühnenausstattung und infiltriert die Wahrnehmung der Zuschauer. Die Ordnungselemente des faschistischen Herrschaftsapparates, wie sie in den Gestaltungsmitteln der architektonischen Großbauten zum Ausdruck kommen,[110] wiederholen sich in der räumlichen Gliederung der Bühne.

Kriemhild ist im Zentrum platziert, ist zugleich Schnittpunkt verschiedener Bild- und Handlungsachsen, nicht zufällig wird die Bedeutung des erhöhten Standorts betont, die Funktionalisierung verschiedener Ebenen – diese Elemente machen auf eine Wahrnehmungsstrategie aufmerksam, die in der Inszenierung des Raumes sich auf eine von außen bezogene Symbolhaftigkeit stützt.

---

109 Nerdinger, Winfried (Hrsg.): Ort und Erinnerung. S. 58.
110 Kießling, Regine, Gisela Kraut und Ulrich Wanitzek: Großbauten des Staates und der Partei. S. 56: „Die Ordnungselemente [der Bauten und Platzgruppen, bezogen auf des Haus der Deutschen Kunst] dokumentieren sich in Achsialität, Konzentrierung auf die Mitte, Abgeschlossenheit der Plätze, sowie in der Traditionsbeziehung (Kaiserburg) und dem mitberechneten Symbolwert, der zum formalen den psychischen Zwang hinzufügt".

*Abb. 7 Kurt Langenbeck:* Hochverräter, *München, Staatstheater.*

Eine solche Raumregie ist charakteristisch auch für das folgende Beispiel: Kurt Langenbecks *Hochverräter,* ein zeitgenössisches nationalsozialistisches Drama, das als „moderne Tragödie mit chorischen Elementen"[111] in der Reihe jener historischen Dramen steht, die Ketelsen in seiner Arbeit über die Dramatik des Dritten Reiches exemplarisch als tief verwurzelt sieht „im pessimistischen Rassenbiologismus der Weltanschauung"[112]. Eine „Sucht zum Tode, die als Streben zum Schicksalhaft-Wesentlichen verstanden wird", findet sich „immer wieder in diesen Dramen"[113] und charakterisiert den Helden. Er „nimmt den Spruch des Schicksals an, dem er sich als Einzelner, meist stellvertretend für eine Gemeinschaft,

---

111  Blanck, Karl, und Heinz Haufe: Unbekanntes Theater. S. B 42

112  Ketelsen, Uwe-Karsten: Von heroischem Sein und völkischem Tod. S. 75.

113  Ketelsen, Uwe-Karsten: Von heroischem Sein und völkischem Tod. S. 75.

ausgeliefert findet. Auf eine Gnade des Göttlichen kann er nicht hoffen, obwohl die Gottheit immer wieder magisch beschworen wird."[114]

Das von einer Aufführung im Staatstheater München stammende Szenenfoto[115] ist, so wiederum der zeitgenössische Kommentar, „sowohl durch die übermächtigen Palisaden und den ungeheuren Turm wie auch durch die nicht streng historischen Kostüme glücklich ins Zeitlose, Ewig-Tragische gehoben. Die Raumaufteilung und der ‚gebrochene' Bühnenboden ermöglichen ein überhöhtes, großes, tragisches Spiel."[116]

In einem solchen Spiel liegt dann auch das für Schlösser relevante Kriterium der „Sehnsucht […] nach einem die historischen Vorgänge zur mythischen allgemeingültigen eindeutigen Überwirklichkeit steigernden Drama"[117], das allein dem Nationalsozialismus als dem „heutigen Erlebnisraum"[118] die geforderte „mythische Untermauerung" zu geben vermag. Die in einem solchen Umfeld agierenden Helden sind die vom „Schicksal Berufenen"[119]. Ihr Handeln zielt „auf eine

---

114  Ketelsen, Uwe-Karsten: Von heroischem Sein und völkischem Tod. S. 75/76.
115  Blanck, Karl, und Heinz Haufe: Unbekanntes Theater. S. B 42.
116  Blanck, Karl, und Heinz Haufe: Unbekanntes Theater. S. B 42.
117  Schlösser, Rainer: Das Volk und seine Bühne. S. 55. – Hermann Glaser hat diese Übersteigerung ins „Zeitlose, Ewig-Tragische" (mit Bezug auf Hilmar Hoffmanns Filmanalysen) am Beispiel der Riefenstahlschen Filmästhetik auf den Punkt gebracht und betont, „wie der einzelne als Element der Masse verdinglicht wird und darin als anonymer Teil des höheren Ganzen aufgeht. ‚Das Individuum ist abgestreift und geht in die Glaubensgemeinschaft auf'". (Glaser, Hermann: Wie Hitler den deutschen Geist zerstörte. S. 123.)
118  Schlösser, Rainer: Das Volk und seine Bühne. S. 55.
119  Ketelsen, Uwe-Karsten: Von heroischem Sein und völkischem Tod. S. 77.

höhere Menschheit, auf das Volk"[120]. Sie treten auf als „charismatische Führer"[121], deren tragische Opferbereitschaft sich vom Volk und Führer verbindenden „Blut (als mythische Seinsmacht)"[122] ableitet. Unschwer ist zu erkennen, dass solche Helden nach dem ersten ‚Helden im Staat', Adolf Hitler[123], geformt sind, dessen tragische Opferbereitschaft allenthalben als absolutes Vorbild empfunden und gefeiert wird.[124]

---

120 Ketelsen, Uwe-Karsten: Von heroischem Sein und völkischem Tod. S. 77.

121 Ketelsen, Uwe-Karsten: Von heroischem Sein und völkischem Tod. S. 76.

122 Ketelsen, Uwe-Karsten: Von heroischem Sein und völkischem Tod. S. 77.

123 Vgl. hierzu die euphorischen Äußerungen Schlössers zu Hitler und dessen Genossen, die „zum ersten Mal in der deutschen Geschichte den Typus des Staatsmanns, der Künstler ist, Wahrheit werden ließen"(Schlösser, Rainer: Das Volk und seine Bühne. S. 80 und ff.).

124 Glaser zitiert die emotionale Ergriffenheit einer Parteigenossin beim Auftritt des Führers in Nürnberg: „Eine Parteigenossin berichtet: ‚Je bedrückender meine familiäre Lage wurde, umso aufnahmefähiger wurde ich für den Nationalsozialismus. So kam dann der Herbst des Jahres und mit ihm der Reichsparteitag in Nürnberg. All mein Hoffen, Wünschen und Sehnen ging nach dieser Stadt, denn dort kam der Führer hin, der Mann, den uns Gott gesandt, um unser armes gequältes Vaterland zu retten, zu retten aus Schmach und Schande, aus Not und Verzweiflung, von den äußeren Feinden und von dem furchtbaren Verfall im Innern, der Führer, dessen herrliche Worte und Reden ich gelesen hatte! Diesen unseren Führer zu sehen und zu hören war der Traum meiner Tage und Nächte; und dieser Traum wurde trotz aller Hindernisse, die sich mir in den Weg stellten, Wirklichkeit. So fuhr ich denn als einzige Nationalsozialistin mit noch einigen S.A.-Männern und einer Parteifreundin aus Dillenburg am 1. September nach Nürn-

# Der „gebrochene" Bühnenboden und der Blick nach oben

*Abb. 8  Schillerfeier Marbach 1934.*

berg... Das Schlußwort des Führers war so ergreifend und zu Herzen gehend, daß – ich schäme mich nicht, es zu sagen – mir heiße Tränen über die Wangen rannen'". Glaser, Hermann: Wie Hitler den deutschen Geist zerstörte. S. 125/126.

Mit der Deutung der Raumaufteilung, des „gebrochenen"
Bühnenbodens und der damit verbundenen Hierarchie von
Darstellungsebenen als Voraussetzung

*Abb. 9 Parteitag der NSDAP 1934, Nürnberg: Heldenehrung.*

eines überhöhten, eines großen, sogar tragischen Spiels, befinden wir uns in der Bildlichkeit jener Massenauftritte der Parteitagsaufmärsche, der Kundgebungen und Paraden, der Feiertagsschauspiele und der Trauermärsche der Totenfeiern

*Abb. 10  Tannenberg-Denkmal: Staatsbegräbnis, Beisetzung Hindenburgs 1934.*

sowie ähnlicher Inszenierungsformen des faschistischen Staates. Verbunden mit den monumentalen Kulissen, die die Theaterbühne ebenso prägen wie die Staatsbühne, zeichnen sich hier die Grundformen einer alles bestimmenden „Reichsdramaturgie" ab. Dazu gehört auch die Betonung der vertikalen Perspektive, insbesondere der Blick nach oben zur alles überragenden heroischen Plattform.

*Abb. 11  Parteitag der NSDAP 1934, Nürnberg: Eröffnungsrede*
*Adolf Hitlers.*

Vor allem die Bilder von den Innenräumen[125] der Neuen
Reichskanzlei vergegenwärtigen die in der Architektur zum
Ausdruck kommende Herrschaftsstruktur. Die Dimensionen
dieser Innenräume, in denen ja auch Besucher empfangen
werden, bewirken Einschüchterung und Angst. Die Größe
der Räume verdeutlicht dem Besucher kompromisslos die
Macht desjenigen, der hier residiert.

---

125  Vgl. Günther, Sonja: Design der Macht. S. 60 ff. – und Glaser,
Hermann: Wie Hitler den deutschen Geist zerstörte.

*Abb. 12  Neue Reichskanzlei Berlin 1939: Marmorgalerie.*

Den Mosaiksaal mit 50 Metern Länge zu durchqueren, verwandelt jeden Besucher in den Untertanen, der er sein soll, wenn er sich dem Allerheiligsten der Macht nähert. Die imposante Raumhöhe von 16 Metern tut ein Übriges, den Menschen klein und auf Abstand zu halten. Die Formensprache war auf Distanz angelegt; der Untertan sollte die profane Normalität nicht zu nahe ins Zentrum der Macht hineintragen, schließlich durfte die Aura der Macht nicht durch die plumpe Nähe des Volkes verletzt werden. Trotz aller Parolen über die Volksgemeinschaft war der oberste Führer des Staates etwas Besseres, Höheres, in geradezu aristokratischer Abgehobenheit göttergleich entrückt. So erscheint auch der Schreibtisch Hitlers mit seiner Breite von über drei Metern als groß dimensioniertes Bollwerk[126].

---

126   Günther, Sonja: Design der Macht. S. 64. – „Da die funktionale
      Arbeitshöhe für einen Schreibtisch gewahrt bleiben mußte, das

*Abb. 13  Neue Reichskanzlei Berlin 1939: Eingang zum Arbeitszimmer Hitlers.*

Möbel aber so groß wie möglich ausgebildet wurde – 3,30 Meter x 1,40 Meter – war die Proportion so unglücklich geraten, daß man glaubt, einen Sarkophag vor sich zu haben". S. 64.

*Abb. 14 Neue Reichskanzlei Berlin 1939 Arbeitszimmer Hitlers*

*Abb. 15 Friedrich Schiller:* Wallenstein, *Berlin, Theater des Volkes.*

Mit dem Bühnenbildentwurf zu Schillers *Wallenstein* für das Berliner Theater des Volkes 1934[127] sieht man sich unmittelbar in das Innere der Reichskanzlei versetzt. Die „gigantomanische Größe des Bühnenraumes" und

> „die monumentalen Säulen mit überdimensionierten Kerzenleuchtern sind ohne jegliche architektonische und bühnennotwendige Funktion, sie dienen einzig und allein der Demonstration ungeheurer Macht. Der Aufbau der Bühne erinnert an die Kolossal-Innenarchitektur der Reichskanzlei, wodurch die Bankettszene zur Metapher einer darin stattfindenden Minister- oder Gauleiterversammlung umgedeutet werden konnte. Die gigantischen Kulissen sind im Vergleich zu den zwergenhaft wirkenden Darstellern überproportioniert. Die Personen wirken dadurch wie hilflose typisierte Marionetten, die dem Zuschauer aufgrund dieser Größenmißverhältnisse Furcht einflößen und ihn einschüchtern sollten."[128]

Mit der Anspielung auf die Innenarchitektur der Reichskanzlei teilt sich der *Wallenstein*-Szene etwas von der Atmosphäre und dem Geheimnis politischer Macht und ihrer Handhabung mit; die Größenverhältnisse allerdings gebieten zugleich Distanz, schüchtern ein und fordern vom Zuschauer Unterwerfung.

---

127  Klassiker in finsteren Zeiten 1933–1945. S. 424.
128  Klassiker in finsteren Zeiten 1933–1945. S. 423.

# Das Eindringen des politischen Alltags in den Fiktionsraum der Bühne

Die am vorgestellten Material immer deutlicher werdende Durchlässigkeit der Bühne für den politischen Alltag illustriert ein weiteres *Wallenstein*-Beispiel:

*Abb. 16 Friedrich Schiller:* Wallenstein, *Hamburg, Staatliches Schauspielhaus.*

Es handelt sich um eine Aufführung, die Hans Schweikart im Hamburger Schauspielhaus inszeniert hat (Bühnenbild: Karl Gröning)[129]. „Das heraldische Emblem und die Fahnenfülle sind der eindrucksvolle Hintergrund des politisch-kriegerischen Geschehens und verdichten wirksam die Atmosphä-

---

129  Blanck, Karl, und Heinz Haufe: Unbekanntes Theater. S. B 34.

re" – so der zeitgenössische Bildkommentator[130] von 1941. Dieser „eindrucksvolle Hintergrund" des Bühnengeschehens ist vertrauter Alltag des Theaterbesuchers. Heraldische Embleme, Fahnenfülle, Standarten u. ä. gehören zur ästhetischen Grundausstattung faschistischer Öffentlichkeit, die zitierte „wirksame Verdichtung der Atmosphäre" ist nichts anderes als das Eindringen des politischen Alltags in den Fiktionsraum einer Bühneninszenierung. Drei beliebig ausgewählte Beispiele als Streiflichter auf diesen Alltag:

*Abb. 17 Reichsparteitag 1938, Nürnberg, Aufmarsch der Standarten zum großen Appell.*

---

130   Blanck, Karl, und Heinz Haufe: Unbekanntes Theater. S. B 34.

*Abb. 18 Aufmarsch der Standarten vor dem Goethe-Schiller-
Denkmal in Weimar.*

Wie selbstverständlich diese Formen wechselseitiger Durchdringung von Theater und Wirklichkeit werden, verdeutlicht
die Beschreibung einer weiteren Aufführung des *Wallenstein*
in Köln.

*Abb. 19 Friedrich Schiller:* Wallenstein, *Köln Schauspielhaus.*

In der Kölner *Wallenstein*-Inszenierung von 1937[131] wird
Wallenstein von den Soldaten Max Piccolominis einge-
schlossen (Abb. 19) und abgeführt. „Nach langem klirren-
den Anmarsch [brechen] aus acht Toren mit einem Schlage
die Kürassiere [in die Halle] und schließen um Wallenstein
das Carré.“[132] Paul Riedy, der Regisseur dieser erfolgrei-
chen Inszenierung, die 1941 in Stuttgart und 1943 in Wien
wiederholt wurde, beschreibt mit diesen Worten den büh-
nenwirksamen Auftritt der Kürassiere. Er liefert zugleich
ein authentisches Bild des totalitären Staates. Der heroische
Gestus erstarrt in der Umzingelung zum bedrohlichen Bild
der militärischen Physiognomie eines ästhetisch verbrämten
Gewaltregimes. Die Rampe markiert in dieser Szene nicht

---

131  Klassiker in finsteren Zeiten 1933–1945. S. 434.
132  Klassiker in finsteren Zeiten 1933–1945. S. 435.

mehr eine Trennungslinie zum Zuschauerraum, vielmehr verlängert sich der Bühnenraum bruchlos in den Zuschauerraum. Die vom Reichsdramaturgen gewünschte Verwandlung der Guckkastenbühne ist vollzogen[133]: Die Zuschauer haben sich in Mitwirkende verwandelt, als soldatische Komparserie springen sie sinnbildlich „über die Rampe" (so Schlösser) mitten in die Handlung hinein und haben Teil an der Verhaftung Wallensteins.

Der hier erkennbare soldatische Grundton ist vertraut, er gehört – wie vieles andere – zu den Elementaria der „Reichsdramaturgie" und der Erlebniswelt der nationalsozialistischen Real-Bühne, im eigentlichen wie uneigentlichen Wortgebrauch. Das Eindringen militärischer Gewalt in den Illusionsraum der Theaterbühne ist in Schillers *Wallenstein* dramaturgisch funktionsgerecht und überrascht den Zuschauer nicht, handelt es sich doch um das vertraute, alltägliche Szenarium seines politisch inszenierten Lebensraumes.

## Theater der Straße

Die Mitwirkung einer „Statisterie" bei der „Umwandlung der landläufigen Vorstellung vom Theaterraum"[134] in die Szenarien des nationalen Volks-Theaters geschieht auf unterschiedliche Weise, ist aber in jedem Fall eine wichtige Klammer, die Darsteller und Zuschauer bis zur Identität vermischt. Natürlich spricht die nationalsozialistische Theaterästhetik nicht von Statisterie, wenn sie die Bedeutung des Volkes feiert

---

133  Schlösser, Rainer: Das Volk und seine Bühne. S. 30/31 und
     S. 56/57.
134  Schlösser, Rainer: Das Volk und seine Bühne. S. 56.

bei ihrer Forderung nach einem „kultischen Theater"[135] der Volksgemeinschaft. Doch wie sehr auch das Volk rhetorisch zum Hauptakteur stilisiert wird, letztlich bleibt es bei allen Inszenierungen uniforme Masse, Statisterie, Material.

Die „faschistische Öffentlichkeit erweckt mit ihrer Fest- und Feiertagsstimmung den Schein von eitel Zustimmung, Freiwilligkeit, ungetrübtem, heiterem Volksleben."[136] Ein besonders gefeiertes Beispiel ist die heitere Oper *Die Meistersinger von Nürnberg* von Richard Wagner. Sie ist eine der von Hitler besonders geschätzten Opern Wagners, gehört zum ständigen Programm der Reichsparteitage und wird von Goebbels als das „deutscheste" unter Wagners „deutschen Musikdramen" gerühmt.[137] Im Schlussakt auf der Festwiese triumphiert die Einheit von Volk und Kunst – ein den Nationalsozialisten willkommenes Tableau, schon deshalb, da es sich um die deutsche Kunst handelt, die hier von Goebbels als die „Inkarnation unseres Volkstums"[138] bejubelt wird. Wie das gemeint ist, vermittelt das Schlussbild auf der Bühne augenfällig[139]. Die Festwiese ist wie bei den öffentlichen Kundgebungen auf den Straßen üppig mit Fahnen ausgestattet. In der ersten Reihe sitzen Goebbels und weitere Parteifunktionäre. Die Heil-Rufe des Chores auf der Bühne gehen über in die Heil-Rufe der Zuschauer und münden vor und hinter der Rampe in den Hitlergruß. Das rauschende Volksfest des *Meistersinger*-Schlusses bleibt nicht auf der Opernbühne,

---

135  Schlösser, Rainer: Das Volk und seine Bühne. S. 39.
136  Stollmann, Rainer: Faschistische Politik als Gesamtkunstwerk. S. 88.
137  Goebbels, Joseph: Signale der neuen Zeit. S. 195.
138  Goebbels, Joseph: Signale der neuen Zeit. S. 195.
139  Z. B. in einer als Wochenschau-Ausschnitt dokumentierten Aufzeichnung einer Berliner Aufführung von 1935 mit Wilhelm Rode als Hans Sachs.

es wird zum Sinnbild deutscher Kunst und auf die Straße gebracht. 1937, zur Eröffnung des Hauses der Deutschen Kunst und der Kunstausstellung in München, wird ein großer Umzug à la *Meistersinger* inszeniert.

*Abb. 20 Festzug zum Tag der deutschen Kunst in München 1937.*

Das Wagnersche Bühnenvolk zieht mit anderen Folklore-Gruppen kostümiert durch Münchens Straßen. Chor und Statisterie der großen Oper wechseln ins wirkliche Leben. Die lebenden Bilder und Allegorien, die Fahnen und die Musik zelebrieren jene Kunst, die ihre behauptete Verwurzelung im Volkstum zur Schau stellen möchte.

Die turbulente Heiterkeit solcher Volksfeststimmung und die lockere Form des Straßenumzugs sind allerdings nicht die dominanten ästhetischen Erscheinungsformen des nationalsozialistischen Theaters der Straße. Die Dramaturgie der theatralischen Selbstinszenierung des NS-Regimes zielt auf andere Muster. Die große Helden-Szene dominiert; in ihr soll sich die „neue Linie des Heroismus und der stählernen Romantik"[140] bewähren.

---

140 Schlösser, Rainer: Das Volk und seine Bühne. S. 60.

Und „bewähren" heißt in diesem Zusammenhang: in der ästhetischen Überhöhung der Massenversammlung insgeheim die Notwendigkeit von Opferbereitschaft und totaler Gefolgschaftstreue zu suggerieren.

*Abb. 21 Parteitag der NSDAP 1934: Tag der Wehrmacht, Leibstandarte Adolf Hitler mit Blick auf die Ehrentribüne.*

In allen diesen Aufmärschen dominiert letztlich ein aggressiv tragischer Gestus. Schlösser verbirgt in seinen Reden und sonstigen Äußerungen diesen Grundzug des massenhaften Theaters der Straße keineswegs. Im Gegenteil, es ist eine seiner Grundthesen für das deutsche „Nationaltheater", dass es sich aus den Erfahrungen der „Frontkameradschaft im Ersten Weltkrieg"[141] herleitet. Die „schicksalsmäßige große

---

141 Schlösser, Rainer: Das Volk und seine Bühne. S. 41.

59

Gemeinschaft der feldgrauen Menschen, die jeden Einzelnen in die „Blutsbrüderschaft alles Deutschen"[142] zwang, erlebt zu haben, gilt als entscheidende, ja geradezu unabdingbare Voraussetzung für das neue „Deutsche Reich". Uniform und Kameradschaft sind die Klammern dieser auf „völkische Blutsbrüderschaft"[143] gegründeten Nation. Im „Opferdienst an einem Höheren, der Nation"[144] vereinigen sich die „Herzen, um die Nation [...] zu heiligen"[145]. Die einzig möglichen Träger eines solchen Volkstheaters fordert Schlösser auf, in die „Gemeinschaft der Braunhemden"[146] einzutreten.

„Feldgrau eingekleidet" ist das wirkmächtige, erinnerungsträchtige Symbol für die bedingungslose Bereitschaft zur Unterwerfung der Massen unter das Diktat des Führers. Der „Kampf um das deutsche Nationaltheater, sei es nun im traditionellen oder in dem neuen Rahmen der Thing-Plätze"[147], mündet in den „Versuch, die völkische Blutsbrüderschaft für unser kulturelles Leben fruchtbar zu machen"[148].

## Choreographie der Massenauftritte

In den Choreographien der Massenauftritte anlässlich der Reichsparteitage und bei anderen Gelegenheiten erscheint diese völkische Blutsbrüderschaft als Sinnbild der staatlichen Ordnung. Die Uniform repräsentiert das nicht hinterfragbare

---

142  Schlösser, Rainer: Das Volk und seine Bühne. S. 42.
143  Schlösser, Rainer: Das Volk und seine Bühne. S. 42.
144  Schlösser, Rainer: Das Volk und seine Bühne. S. 42.
145  Schlösser, Rainer: Das Volk und seine Bühne. S. 42.
146  Schlösser, Rainer: Das Volk und seine Bühne. S. 42/43.
147  Schlösser, Rainer: Das Volk und seine Bühne. S. 42.
148  Schlösser, Rainer: Das Volk und seine Bühne. S. 42.

Prinzip dieser Ordnung. Sie gibt zwar vor, dass alle Menschen gleich seien, auch wenn ihr konkreter Anspruch in der unmissverständlichen Unterordnung unter den die Macht ausübenden Führer liegt. Wenn die Uniform als ästhetische Erscheinungsform des Staates Ruhe, Sicherheit und Ordnung zu versprechen scheint, so ist sie dennoch vor allem die Abbildung jener Gewaltverhältnisse, denen sie entstammt, die dem Einzelnen jede individuelle Freiheit nehmen und seine Selbstaufgabe in der Struktur der Massenchoreographie erzwingen. Die in der Architektur verwirklichte Absicht des Regimes, „Härte, Dauer und hierarchische Ordnung im öffentlichen Raum sichtbar zu verankern"[149], findet ihre Fortsetzung als „menschliche Architektur".[150]

Diese kolossale „Architektur" dient in ihrer Monumentalität der ins Religiöse gesteigerten Anbetung des Führers, die auch in der Umwandlung der architektonischen Ordnung in die Strukturen der „aufmarschierte[n], formierten[n] und uniformierte[n] Menschenmasse"[151] zum Ausdruck kommt. Die zentrale Blickachse der in diesen Aufmärschen versammelten Menschen ist auf den vorne, auf erhöhter Plattform stehenden Führer gerichtet.

---

149  Nerdinger, Winfried (Hrsg.): Ort und Erinnerung. S. 44.
150  Kießling, Regine, Gisela Kraut und Ulrich Wanitzek: Großbauten des Staates und der Partei. S. 56.
151  Kießling, Regine, Gisela Kraut und Ulrich Wanitzek: Großbauten des Staates und der Partei. S. 56.

# Führerkult und Sakralraum

Hans-Jochen Gamm hat „Parallelen zwischen Christentum und Nationalsozialismus" bzw. „Anleihen des Nationalsozialismus beim Christentum"[152] analysiert und als eines der hervorstechenden Merkmale des „Führerkults"[153] auch die Usurpation von „abendländisch vorgeprägte[n] Räume[n]"[154], insbesondere von Kirchenräumen, benannt. Diese Innenräume funktionieren im Kleinen wie die Raum-Szenarien der Massenaufmärsche: Ein solcher „braune[r] Sakralraum"[155] weist die „Gesamtanordnung einer Kirche" auf: „Mittelgang, Bänke, Altarbezirk, sogar das Balkenwerk"[156]. Das Beispiel, das Gamm heranzieht[157], gleicht den Prototypen, die in einer vom Reichsamt „Schönheit der Arbeit" herausgegebenen Beispielsammlung[158] für die Ausstattung eines Betriebes der 1930er Jahre vorgestellt und im Kapitel „Gemeinschaftsräume" als Vorbild empfohlen werden[159].

---

152  Gamm, Hans-Jochen: Der braune Kult. S. 162

153  Gamm, Hans-Jochen: Der braune Kult. S. 160.

154  Gamm, Hans-Jochen: Der braune Kult. S. 168

155  Gamm, Hans-Jochen: Der braune Kult. S. 168.

156  Gamm, Hans-Jochen: Der braune Kult. S. 168.

157  Gamm, Hans-Jochen: Der braune Kult. S. 169.

158  Das Taschenbuch Schönheit der Arbeit.

159  Das Taschenbuch Schönheit der Arbeit. S. 127.

*Abb. 22 Reichsamt „Schönheit der Arbeit": Feierraum eines
Gemeinschaftshaus.*

Die Funktionsbeschreibung eines solchen betrieblichen Gemeinschaftsraumes rückt dessen Bestimmung explizit in die Nähe eines Kirchenraums.

„Es ist für jeden eine Selbstverständlichkeit, daß man im Zirkus keine Gottesdienste abhält und in der Kirche keine Varietédarbietungen veranstaltet. Genau so selbstverständlich ist es, daß ein Raum, der mit Fahnen und Symbolen der Bewegung geschmückt ist, zu einer entsprechenden Haltung verpflichtet und nicht für Darbietungen jeder Art geeignet ist."[160]

# Einübung in die heroische Herrlichkeit des Krieges

Wenn Schlösser immer wieder den Weg in die neue Zeit als Verwirklichung „der Vision einer neuen deutschen Theaterherrlichkeit" beschreibt, dann feiert er die Diktatur der Braunhemden, die Zucht, die zwingende Eingliederung und den Gehorsam der Massen. Ganz offen benennt er zugleich den militaristischen Kern der Massenaufzüge, definiert die Funktion der Massenveranstaltungen als Einübung in die heroische Herrlichkeit eines Krieges.[161]

Für das Theater der Straße gilt diese Beschreibung in besonderer Weise, findet doch gerade dessen Inszenierung in einem ins Monumentale gesteigerten, architektonisch auf genau diesen Zweck abgestimmten Bühnenraum statt. Das Szenario der Massenauftritte geht indes weit über die bloße

---

160 Das Taschenbuch Schönheit der Arbeit. S. 125/126.
161 Vgl. Schlösser, Rainer: Das Volk und seine Bühne. S. 29, 40–43, 56–62, 79, 82–89

Kulissenhaftigkeit hinaus. Peter Reichel[162] verweist auf eine aufschlussreiche Passage in der 1940 erschienenen Sammlung *Gespräche mit Hitler*[163], in der sich Hitler exakt zur politischen Funktion dieser architektonischen Kulissen äußert:

„In meinen Bauten stelle ich dem Volk meinen zum sichtbaren Zeichen gewordenen Ordnungswillen hin, von den Bauten überträgt sich der Wille auf den Menschen selbst. Wir sind von den Räumen abhängig, in denen wir arbeiten und uns erholen. Nur an der Größe und Reinheit unserer Bauten ermißt das Volk die Größe unseres Willens. Es wäre das Falscheste, was ich hätte tun können, mit Siedlungen und Arbeiterhäusern zu beginnen. Alles dies wird kommen und versteht sich von selbst. Das hätte auch eine marxistische oder bürgerliche Regierung machen können. Aber nur wir, als Partei, können wieder frei und groß an dieser edelsten aller Künste schaffen. Seit den mittelalterlichen Domen sind wir es, die erstmalig wieder dem Künstler große, kühne Aufgaben stellen. Keine Heimstätten, keine kleinen Privatbauten, sondern das Gewaltigste, was es seit den Riesenbauten Ägyptens und Babylons gegeben hat.

Wir schaffen die heiligen Bauten und Wahrzeichen einer neuen Hochkultur. Mit ihnen muss ich beginnen. Mit ihnen präge ich meinem Volke und meiner Zeit den unverwischbaren geistigen Stempel auf."[164]

---

162 Reichel, Peter: Der schöne Schein des Dritten Reiches. S. 290.
163 Rauschnig, Hermann: Gespräche mit Hitler. Zürich 1940.
164 Zitiert nach Reichel, Peter: Der schöne Schein des Dritten Reiches. S. 290.

# Von der Bühne zum Schlachtfeld

Die ästhetische Überhöhung suggeriert die Notwendigkeit von Opferbereitschaft und Unterwerfung. Der Schauplatz ist durch die Monumentalität der Kulissen und durch die starre Form der Menschenarrangements charakterisiert. Die Beleuchtungsregie bevorzugt die nächtliche Szene und das Feuer als Lichtquelle.

Die strenge Durchformung des Aufmarsches, der Parade und des militärischen Umzugs mündet in den Stillstand der Massenversammlung, des Appells, der Kundgebung oder eines Gerichtstages. Die Massenbewegung endet in der statuarischen, groß angelegten Szene.

Die Motorik des Marschierens nimmt den Beteiligten jegliche Individualität. Die körperliche Präsenz reduziert sich auf das bewusstlose Funktionieren als Maschine. Bewegungsabläufe und die äußerliche Gleichförmigkeit im Erscheinungsbild ihrer Uniformen vermitteln den Kolonnen physische Stärke und strahlen unbesiegbare Willenskraft aus. Der Marschrhythmus bewirkt auf „motorische Weise [...] einen triebhaft-reflexartigen Zustand latenter Aggressionsbereitschaft"[165].

In einem der vielen „Kulturfilme" der Propaganda demonstrieren die Nationalsozialisten die Macht des Marsches am Beispiel einer in Bewegungsablauf und Erscheinungsbild ungeordneten Horde unsortiert umhertorkelnder „Kämpfer". Der geradezu lächerlich wirkenden und entsprechend kommentierten „Truppe" aus vorfaschistischer Zeit wird eine straff geordnete und exakt marschierende NS-Kolonne

---

165  Glaser, Hermann: Wie Hitler den deutschen Geist zerstörte. S. 116.

entgegengesetzt und deren „herrliche Einheit und unbesiegbare Stärke" gefeiert, der sich niemand entziehen könne. Auch das brav wirkende Passantenpaar am Straßenrand, das versucht, gegen den Marschrhythmus seine Schritte zu setzen, muss sich schließlich der „unbezähmbar starken Willenskraft" der heranmarschierenden Kolonne ergeben und im Takt mitmarschieren.

Verbunden mit der Hakenkreuzfahne, die einen außerordentlich hohen Symbol- und Identifikationswert hat[166], und anderen optischen wie akustischen Inszenierungsattributen (Fanfaren, Trommeln, Fackeln, Scheinwerfern) erhalten die Massenveranstaltungen eine „besondere Aura: Die Formationen erfasste der Hauch des Erhabenen."[167] Mit ausgefeilter Lichtregie und in der Nacht, der bevorzugten Zeit für solche Veranstaltungen, werden Aufmerksamkeitswert und emotionale Wirkung dieser Auftritte weiter gesteigert. Der Aufmarsch der Massen erstarrt dann in den architektonischen Kulissen der Versammlungsplätze zur Dekoration. Gamm erkennt darin auch einen „spezielle[n] Bühneneffekt in der Form des Bayreuther-[sic!]Wagner-Festspiels"[168] als eines der Vorbilder des „braunen Kults": „Die Tiefendimension des Bühnenraums, in der der Heros umgeben von einem großen Aufgebot an Statisten erscheint, ist bedeutungsvoll. Die Inszenierungen der Reichsparteitage gingen daraus hervor."[169]

Die Volksgemeinschaft ist eine in Reih' und Glied aufgebaute Statisterie, zum Schweigen verurteilt bis auf wenige

---

166   Zum Fahnenkult vgl. Gamm, Hans-Jochen: Der braune Kult. S. 162, und Glaser, Hermann: Wie Hitler den deutschen Geist zerstörte. S. 119/120.

167   Glaser, Hermann: Wie Hitler den deutschen Geist zerstörte. S. 117.

168   Gamm, Hans-Jochen: Der braune Kult. S. 159.

169   Gamm, Hans-Jochen: Der braune Kult. S. 159.

chorische Unterwerfungsformeln, die dem Führer die Bereitschaft zur Identifikation mit dem Ganzen und zur bedingungslosen Gefolgschaft kundtun. Die „Entpersönlichung im chorischen Sprechen"[170] korrespondiert mit einem bewusstlosen Eintauchen in die Volksgemeinschaft.

Adolf Hitler hat in *Mein Kampf* diese ästhetisch verbrämten Massenerlebnisse ausdrücklich als das bezeichnet, was sie sind: Mittel der „Massensuggestion"[171]:

> „Denn die Verwirklichung weltanschauungsmäßiger Ideale und der aus ihnen abgeleiteten Forderungen erfolgt ebenso wenig durch das reine Gefühl oder das innere Wollen der Menschen an sich als etwa die Erringung der Freiheit durch die allgemeine Sehnsucht nach ihr. Nein, erst wenn der ideale Drang nach Unabhängigkeit in den Formen militärischer Machtmittel die kampfesmäßige Organisation erhält, kann der drängende Wunsch eines Volkes in herrliche Wirklichkeit umgesetzt werden."[172]

Diese „herrliche Wirklichkeit" ist den aufmarschierenden Bataillonen in diesen Augenblicken noch nicht bewusst, aber dass die „kampfesmäßige Organisation" nichts anderes bedeutet als letztlich den Krieg, kann niemandem verborgen bleiben. Die Psychologie von Massenversammlungen, wie sie Hitler im Sinn hat, lässt da keinen Zweifel.

---

170 Ketelsen, Uwe-Karsten: Von heroischem Sein und völkischem Tod. S. 303.

171 Hitler, Adolf: Mein Kampf. S. 536.

172 Hitler, Adolf: Mein Kampf. S. 417/418 [im Original gesperrt].

# Totenkult

Vor allem nächtliche Feiern eigneten sich für solche Versammlungen, für Totenfeiern, bei denen man der für den Führer gefallenen Mitstreiter mit großem Zeremoniell gedachte. Prototyp dieses nationalsozialistischen Totenkults ist der seit 1933 als „jährlicher Staatsakt" wiederholte „Marsch zur Feldherrnhalle" in München. „Am Morgen des 9. November [1923] machten sich rund 2000 Bewaffnete vom Bürgerbräukeller aus auf den Weg, die politische und militärische Gewalt zu übernehmen. Der Putschversuch endete in einer blutigen Schießerei an der Feldherrnhalle. NSDAP und SA wurden verboten."[173]

Kaum an der Macht, erhoben die Nationalsozialisten die Inszenierung des 9. November zum feierlich-düsteren Anlass, sich mit dem Opfertod zu identifizieren. Der Münchener Königsplatz mit seinen monumentalen Bauten war der geeignete Rahmen für die Demonstration des Machtanspruchs von Partei und Staat sowie für die Aufmärsche des „alljährlich zelebrierten pseudo-religiösen Totenkults"[174]. Die Forderungen nach einer „Erlebnisgemeinschaft Deutsche Bühne"[175] und der gewünschte Aufbruch zum Nationaltheater werden auf dieser Bühne mit diesen Kulissen zum beklemmenden „Theater für das Volk als Gemeinschaft"[176]. So werden am

---

173 Benedikt Weyerer in: Nerdinger, Winfried (Hrsg.): Ort und Erinnerung. S. 21.

174 Iris Lauterbach in: Nerdinger, Winfried (Hrsg.): Ort und Erinnerung. S. 47.

175 Carl Maria Holzapfel in: Deutsche Bühne 1934. Zit. nach: Wulf, Joseph: Theater und Film im Dritten Reich. S. 180.

176 Zit. nach: Wulf, Joseph: Theater und Film im Dritten Reich. S. 181.

„9. November 1935 die ‚Blutzeugen' des 1923 gescheiterten Hitler-Putsches in Sarkophagen in die ‚Ehrentempel' überführt; der nun alljährlich zelebrierte ‚letzte Appell' endete in einem lauten ‚Hier' [sic!][177] der Menge als Willensbekundung, in der Nachfolge der ‚Märtyrer der Bewegung' bis zum Tod für die NS-Bewegung zu kämpfen."[178]

Das Zerstörerische dieser Inszenierung stellte sich spätestens angesichts der Millionen Kriegstoten gegen Ende des Dritten Reiches heraus. Die mächtigen und emotionalisierenden Bilder der in perfekter Gliederung erstarrten Bataillone auf den Aufmarschfeldern zeigen dann eine andere Realität als das versprochene Heldenparadies im germanischen Götterhimmel. Der schöne Schein zerplatzt, und zu sehen ist die grauenhafte Ordnung der in Reih' und Glied aufgestellten Grabkreuze der Soldatenfriedhöfe. Die Menschenarchitektur der Massenversammlung zeigt ihren zynischen Kern: Im Tod sind die Jubelrufer wiederum in Erfüllung ihres Gehorsams auf dem Heldenfriedhof vereint. Ein nicht verführter Blick hätte dieses Ende von Anfang an voraussehen können. Doch das perfekte Illusionstheater ihres „Führers" hat dies nicht zugelassen. Hitler hat in seinen Reden und Schriften keinen Zweifel daran gelassen, dass „Versammlungsraum und Schaubühne"[179] identisch sein sollen und erklärt: Die

„Gemeinsamkeit der großen Kundgebung [...] stärkt nicht nur den einzelnen, sondern sie verbindet auch und hilft mit,

---

177  „Hier" ist vermutlich ein Druckfehler im Original, der keinen Sinn ergibt. Ich nehme an, dass „Heil" gemeint ist.

178  Nerdinger, Winfried (Hrsg.): Ort und Erinnerung. – Siehe auch: Reichel, Peter: Der schöne Schein des Dritten Reiches. S. 219–221.

179  Carl Niessen, Ordinarius für Theaterwissenschaft, Universität Köln. Zit. nach: Wulf, Josef: Theater und Film im Dritten Reich. S. 182.

Korpsgeist zu erzeugen. [...] Wenn [der Mann, der] zum ersten Male in die Massenversammlung hineintritt und nun Tausende und Tausende von Menschen gleicher Gesinnung um sich hat, wenn er als Suchender in die gewaltige Wirkung des suggestiven Rausches und der Begeisterung von drei- bis viertausend anderen mitgerissen wird, wenn der sichtbare Erfolg und die Zustimmung von Tausenden ihm die Richtigkeit der neuen Lehre bestätigen und zum erstenmal den Zweifel an der Wahrheit seiner bisherigen Überzeugung erwecken – dann unterliegt er selbst dem zauberhaften Einfluß dessen, was wir mit dem Wort Massensuggestion bezeichnen. Das Wollen, die Sehnsucht, aber auch die Kraft von Tausenden akkumuliert sich in jedem einzelnen. Der Mann, der zweifelnd und schwankend eine solche Versammlung betritt, verläßt sie innerlich gefestigt: er ist zum Glied einer Gemeinschaft geworden."[180]

Dass diese Gemeinschaft eine „straff organisierte [...] Glaubens- und Kampfgemeinschaft"[181] sein soll, ist erklärtes Ziel. Und zugleich soll aus der Masse

„einer hervortreten, um mit apodiktischer Kraft aus der schwankenden Vorstellungswelt der breiten Masse granitene Grundsätze zu formen und so lange den Kampf für ihre alleinige Richtigkeit aufzunehmen, bis sich aus dem Wellenspiel einer freien Gedankenwelt ein eherner Fels einheitlicher glaubens- und willensmäßiger Verbundenheit erhebt."[182]

---

180  Hitler, Adolf: Mein Kampf. S. 536.
181  Hitler, Adolf: Mein Kampf. S. 419.
182  Hitler, Adolf: Mein Kampf. S. 419.

# Strukturen der autoritären Gesellschaft

Adolf Hitler kann sich auch deshalb auf die Wirksamkeit der Massensuggestion verlassen, weil seine „Volksgemeinschaft" eine durch und durch autoritäre Gesellschaft ist. Auch dieses „Erbe" aus der Wilhelminischen Gesellschaft des Kaiserreichs funktionierte nach wie vor[183]. Dabei sind es insbesondere das Kleinbürgertum und die sogenannten „neuen" Mittelschichten, die Handwerker, Bauern, Kleinunternehmer, Händler, die Angestellten und Beamten, die eine spezifische Dispositon zur Hitlergefolgschaft besitzen.

Rainer Stollmann[184] hat die sozioökonomische Situation der kleinbürgerlichen Schichten im Zusammenhang mit der kapitalistischen Organisation der Gesellschaft der 1930er Jahre ausführlich dargestellt und als auffälliges Merkmal den Widerspruch konstatiert „zwischen kollektiver gesellschaftlicher Arbeit und seelischer, familiärer, menschlicher Vereinzelung, zwischen der Existenz allmächtig scheinender technisch-industrieller Möglichkeiten und der Unfähigkeit des Individuums zu persönlichem Glück"[185]. Das daraus resultierende Ohnmachtsgefühl ließ eine nicht geringe Anfälligkeit der autoritären Gesellschaft im Faschismus für die Angebote einer Ästhetisierung der Politik und ihres schönen Scheins entstehen.

In diesem Zusammenhang erklärt sich auch der Funktionswandel der vom Nationalsozialismus übernommenen Symbole und Zeichen aus der Arbeiterbewegung. „Wo materielle, aus der sozioökonomischen Lage entspringende Inte-

---

183   Vgl. Bohse, Jörg: Inszenierte Kriegsbegeisterung S. 123 ff.

184   Stollmann, Rainer: Ästhetisierung der Politik, und Stollmann, Rainer: Faschistische Politik als Gesamtkunstwerk.

185   Stollmann, Rainer: Faschistische Politik als Gesamtkunstwerk. S. 93.

ressen wegfallen müssen, um sich massenhaft organisieren zu können, lassen sich auch keine selbständigen Ausdrucks- und Erscheinungsformen entwickeln."[186] Die politisch entwertete Position des Kleinbürgertums reicht nicht zur massenhaften Organisation; dazu fehlen eigene „materielle soziale Interessen"[187]. Das Kleinbürgertum schlüpft in die Rolle der „Arbeiter"-Partei, übernimmt dabei deren ästhetische Attribute und Erscheinungsformen.

> „Wie die Arbeiterbewegung braucht auch die nationalsozialistische Bewegung die sinnlich-anschauliche Bestätigung ihrer selbst. Die Symbole der revolutionären Arbeiterbewegung (rote Fahne, Lieder, der Gruß mit erhobener Faust) haben eine lange Tradition, sie bestärken die kollektive Identität. Die panische Zusammenrottung von Leuten ohne soziale und politische Perspektive zur nationalsozialistischen Gefolgschaft in den wenigen Jahren der Krise konnte nur künstliche Identität haben. Die Nationalsozialisten ahmten daher die Arbeiterbewegung nach, raubten, was deren Macht, Kraft, Erfolg symbolisierte: die rote Fahne, die Arbeiterlieder (sie wurden zum Teil nur leicht verändert), die Begriffe ‚Arbeiter‘ und ‚Sozialismus‘, den Ersten Mai, die Uniformierung usw. Bei der Arbeiterbewegung sind all diese Erscheinungsformen, die Versinnlichung, Veranschaulichung ihrer Politik, im Kampf vieler Generationen um ihr ‚Recht‘ entstanden. Beim Nationalsozialismus ersetzt der gestohlene ‚Ausdruck‘ das Recht: Der Faschismus sieht sein Heil darin, die ‚Massen zu ihrem Ausdruck (beileibe nicht zu ihrem Recht) kommen zu lassen.‘"[188]

---

186  Stollmann, Rainer: Faschistische Politik als Gesamtkunstwerk. S. 96.

187  Stollmann, Rainer: Faschistische Politik als Gesamtkunstwerk. S. 96.

188  Stollmann, Rainer: Faschistische Politik als Gesamtkunstwerk. S. 96/97 – mit Bezug auf Benjamin, Walter: Das Kunstwerk im Zeitalter seiner technischen Reproduzierbarkeit. S. 42.

Erich Fromms Analyse des autoritären Charakters knüpft an diesen sozio-ökonomischen Befund von Ohnmacht und Vereinzelung an und entwickelt aus psychoanalytischer Sicht die folgende Differenzierung:

Die den autoritären Charakter definierende Doppelstruktur von sadistischen und masochistischen Wesenszügen bestimmt das Verhältnis des Einzelnen zur Welt. Dem „masochistische[n] Charakter"[189] erscheint das Verhalten zur Welt „unter dem Gesichtspunkt eines unentrinnbaren Schicksals"[190]. Erich Fromm: „Allem masochistischen Denken ist eines gemeinsam: das Leben ist von Mächten bestimmt, die außerhalb des Individuums, seines Wollens und seiner Interessen liegen. Ihnen muß man sich fügen, und diese Unterwerfung zu genießen, ist das letzte erreichbare Glück."[191] Dass sich diese „Hilflosigkeit des Menschen"[192] auch und gerade im Festhalten an der Vergangenheit, in der Vorliebe für das Bestehende anstelle für das Werdende äußert, liegt nahe. „Der „masochistische Charakter vergottet die Vergangenheit. Wie es ewig war, muß es ewig bleiben; etwas zu wollen, was noch nie gewesen ist, ist Verbrechen oder Wahnsinn"[193]. Fromm betont ausdrücklich auch die gesellschaftlichen Wurzeln dieser Haltung und verknüpft sie mit der komplexen Situation des autoritären Staats. „Die relative Undurchschaubarkeit des gesellschaftlichen und damit des individuellen Lebens schafft eine schier hoffnungslose Abhängigkeit, an die sich das Individuum anpaßt, indem es eine sado-masochistische Charakterstruktur entwickelt."[194]

---

189  Fromm, Erich: Autorität und Familie. S. 288.
190  Fromm, Erich: Autorität und Familie. S. 288.
191  Fromm, Erich: Autorität und Familie. S. 289.
192  Fromm, Erich: Autorität und Familie. S. 289.
193  Fromm, Erich: Autorität und Familie. S. 289.
194  Fromm, Erich: Autorität und Familie. S. 288.

Das „Aufgehen im Größeren, Stärkeren"[195] bedeutet über die Hingabe hinaus auch „das Teilhaben an einer machtvollen, überragenden Persönlichkeit[196]. „Indem man sich ihr hingibt, wird man selbst ihres Glanzes und ihrer Macht teilhaftig"[197]. Dieser Mechanismus einer freiwilligen Unterwerfung unter die Autorität verspricht eine Sicherung gegen Angst und Ohnmachtsgefühle und bietet zugleich auch ein Aufgehobensein in der Stärke einer höheren Macht, d. h. an einem gesicherten und vertrauten Ort innerhalb einer überschaubaren Ordnung des gesellschaftlichen Daseins. Von dieser Untertanenrolle geht ein Gefühl der Befriedigung aus.[198] Signifikante Merkmale dafür sind z. B. die schon beschriebenen Ordnungsstrukturen und das Eintauchen in die Gleichheit der Uniform.[199]

Die Doppelstruktur des autoritären Charakters gliedert zugleich den Einzelnen ein in ein „System von Abhängigkeiten nach oben und nach unten"[200]. Nach oben wird das Verhältnis zur Autorität durch Pflicht, Disziplin und Gehorsam bestimmt, die dem Führer in unerschütterlicher Gefolgschaftstreue dargebracht werden[201], nach unten äußert sich das autoritäre Verhalten in einer sadistischen Einstellung gegenüber dem Schwächeren, den man durch die eigene Macht leiden lassen kann.

---

195  Fromm, Erich: Autorität und Familie. S. 293.
196  Fromm, Erich: Autorität und Familie. S. 293.
197  Fromm, Erich: Autorität und Familie. S. 293.
198  Fromm, Erich: Autorität und Familie. S. 296.
199  Fromm, Erich: Autorität und Familie. Vgl. S. 294.
200  Fromm, Erich: Autorität und Familie. S. 287.
201  Fromm, Erich: Autorität und Familie. S. 287

# Held im Drama – der „Anstreicher"

Das Funktionieren der in den bisher analysierten Bildern und Szenen des Theaters der Straße dargestellten Grundmustern der Reichsdramaturgie als perfekte Gehirnwäsche der „Volksgemeinschaft" lässt sich als Transformation visueller Inszenierungsformen vom Theater in den politischen Alltag erkennen. Die Bildmächtigkeit fiktionaler Illusionstechniken trifft dabei auf die sozialpsychologische Disposition einer autoritär strukturierten Gesellschaft, die für solche Szenarien besonders anfällig ist. Das Volk in ein Publikum zu verwandeln, das als Masse organisiert, sich „zu jedem Zweck missbrauchen"[202] lässt, ist allerdings in dieser Totalität nicht ohne den zentralen Hauptakteur zu erklären, der auf dieser Bühne der „Volksgemeinschaft" als erster „Held" mitspielte.

Um zum Schluss auf diesen Hauptdarsteller der faschistischen Theaterszene, auf Adolf Hitler, einen Blick zu werfen, möchte ich noch einmal auf Brechts Analyse der Theatralik des Faschismus im *Messingkauf* Bezug nehmen. Brecht hat keinen Zweifel daran gelassen, dass die „Faschisten sich ganz besonders theatralisch benehmen. Sie haben besonderen Sinn dafür. Sie sprechen selber von *Regie,* und sie haben einen ganzen Haufen von Effekten direkt aus dem Theater geholt: die Scheinwerfer und die Begleitmusik, die Chöre und die Überraschungen"[203]. Damit allerdings ist es noch lange nicht genug. Brechts Kritik an der „Kunst der Einfühlung" am bürgerlichen Theater zielt direkt auch auf den Hauptdarsteller dieser theatralischen Szenerie: auf Hitler.

---

202   Stollmann, Rainer: Faschistische Politik als Gesamtkunstwerk. S. 91.

203   Brecht, Bertolt: Der Messingkauf. S. 560.

Den Hauptdarsteller dieser theatralischen Szenerie sieht Brecht durch seine schon erwähnte Kritik an der Kunst der Einfühlung und am bürgerlichen Theater auf brisante Weise bestätigt. Hitler macht sich in seinen rhetorischen Auftritten dieses Kunstmittel in auffälliger Weise zu eigen, indem er vor allem die Nähe zum privaten Leben des Einzelnen sucht[204]. Brecht beschreibt insbesondere die Art, wie Hitler „bei den großen Reden, die seine Schlächtereien vorbereiten"[205], agiert – dort also,

> „wo er das Publikum dazu bringen will, sich in ihn einzufühlen und zu sagen: Ja, so hätten wir auch gehandelt. Kurz, wo er als *Mensch* auftritt und das Publikum davon überzeugen möchte, seine Handlungen als einfach menschliche, selbstverständliche aufzufassen und ihm so gefühlsmäßig seinen Beifall zu schenken"[206].

Das ist „sehr interessantes Theater"[207], bemerkt Brecht und fährt fort:

> „Es entsteht da die Einfühlung des Publikums in den Agierenden, die man für gewöhnlich als das wesentlichste Produkt der Kunst ansieht. Da ist dieses Mitreißen, dieses Alle-Zuschauer-in-eine-einheitliche-Masse-Verwandeln, das man von der Kunst fordert."[208]

Hitler spricht als „Privatmann [...] zu Privatmännern"[209]. Die Rolle, die er jeweils aufbaut, ist „individuell angelegt":

---

204 Den Umstand, dass Hitler auch explizit Schauspielunterricht genommen hat, um seine Auftritte zu perfektionieren, vernachlässige ich hier.
205 Brecht, Bertolt: Der Messingkauf. S. 563.
206 Brecht, Bertolt: Der Messingkauf. S. 563.
207 Brecht, Bertolt: Der Messingkauf. S. 563.
208 Brecht, Bertolt: Der Messingkauf. S. 563
209 Brecht, Bertolt: Der Messingkauf. S. 564.

er erscheint als der „Musikfreund, der Genießer echter deutscher Musik; der unbekannte Soldat des Weltkriegs; er ist der fröhliche Geber und Volksgenosse, der würdig Trauernde."[210] Er „streitet mit Einzelpersonen, fremden Ministern oder Politikern. Es entsteht der Eindruck, als habe er sich in einen persönlichen Kampf mit diesen Leuten verwickelt"[211].

„Er bringt sich selber in höchst persönliche Stimmungen, [...] die dem Privatmann zugänglich sind [...] In all dem kann der Zuhörer ihm gefühlsmäßig folgen, der Zuhörer nimmt teil an den Triumphen des Redners, er adoptiert seine Haltungen"[212]. Die virtuose Beherrschung der „Kunst der Einfühlung"[213] bringt das Publikum, in das sich das Volk längst verwandelt hat[214], dazu, sich den Standpunkt des Redners anzueignen und an dessen Sorgen und Erfolgen teilzunehmen.

Der „Anstreicher", so Brechts Bezeichnung[215] für Hitler, tritt als „Einzelperson" auf „als ein Held im Drama", der „versucht, das Volk bzw. das Publikum, sagen zu machen, was er sagt. Genauer gesagt, fühlen zu lassen, was er fühlt. Es kommt also alles darauf an, daß er selber stark fühlt."[216]

Es mag der Eindruck entstehen, solche Aufmärsche und Versammlungen seien vom alltäglichen Geschehen abtrennbar, seien herausragende Augenblicke und Situationen, die mit dem normalen Leben nichts zu tun haben. Gerade die

---

210  Brecht, Bertolt: Der Messingkauf. S. 562.
211  Brecht, Bertolt: Der Messingkauf. S. 564.
212  Brecht, Bertolt: Der Messingkauf. S. 564/565.
213  Brecht, Bertolt: Der Messingkauf. S. 564.
214  Brecht, Bertolt: Der Messingkauf. S. 564.
215  Anstreicher, weil Hitler nur „etwas Tünche über die Risse eines baufälligen Gebäudes streicht". (Brecht, Bertolt: Der Messingkauf. S. 565.).
216  Brecht, Bertolt: Der Messingkauf. S. 564.

programmatischen Äußerungen zum Theater – und zwar zum Bühnentheater ebenso wie zum Theater der Straße – suggerieren eine geradezu mythische Entfernung des Lebens und der Volks-Gemeinschaft vom Alltag, rekurrieren auf Ur-Bilder, auf Überhöhung und Überzeitlichkeit der Situationen und betreiben eine Enthistorisierung, die den konkreten historischen Augenblick und den gesellschaftlichen Kontext beiseiteschiebt.

## Die „Schönheit" der Ordnung

Und doch sind die gezeigten Auftritte und Aktionen auch und gerade direkt mit der alltäglichen Lebenswelt verbunden. In den marschierenden Kolonnen, den Gruppenformationen und Arrangements der menschlichen Körper zu Skulpturen, den Parallelisierungen von Bewegungen, von Gegenständen oder Bauten wird die Grundstruktur einer staatlichen und gesellschaftlichen Ordnung sichtbar, deren militärische Konfigurationen im Aufmarsch der Massen nur besonders ausgeprägte Zuspitzungen sind. In den ästhetischen – und hier insbesondere: in den theatralischen – Strukturen ist der Staat als „verkörperte Ordnung"[217] sichtbar. Die Uniform, die Standarte, der Gewehrkolben, der stampfende Stiefel, die grüßende Hand, aber auch die Fahrzeuge, die Säulen, Treppen und Podeste – alle diese und unzählige andere Formdetails, tausendfach multiplizierbar, sind Synonyme für Ordnung, sind – in den ausgewählten Beispielen – Sinnbilder der Ordnungsfunktion des Staates.[218] Die vorgeführten Beispiele sind

---

217 Jürgens, Martin: Der Staat als Kunstwerk. S. 127.
218 Dokumentiert in der Beispielsammlung des Taschenbuchs Schönheit der Arbeit.

in dieser Zuspitzung die ästhetische Seite einer gewalttätigen Physiognomie des faschistischen Staates. Diese ästhetische Seite in schönen Schein zu hüllen und zu positiv Erlebbarem zu gestalten, ist Aufgabe ihrer theatralischen Inszenierung, so wie die Programmatik der „Reichsdramaturgie" dies postuliert.

Das Sich-Bewegen oder Stehen in Reih' und Glied durchzieht alle Bereiche der nationalsozialistischen Gesellschaft und zwar über ein psychologisch erklärbares normales Maß weit hinaus. Diese Inszenierungen eines „von Inhalten entleerten Ordnungsbegriffes"[219] korrespondieren mit Strukturen ökonomischer Produktionsprozesse und industrieller Massenfertigung. Das vordergründig klingende Stichwort einer „Fließband-Ordnung" ist in diesem Zusammenhang komplexer als es zunächst erscheint. Die Instrumentalisierung des arbeitenden Menschen zur Maschine im industriellen Produktionsprozess und die Ausrichtung der Produktionsvorgänge sowie die Gestaltung der produzierten Waren nach streng vorgegebenen Ordnungsstrukturen lassen aufschlussreiche Analogien erkennen.

Nicht zufällig findet sich in den sogenannten Kulturfilmen des Dritten Reiches, die die „Schönheit der Arbeit", das „Metall des Himmels" oder ähnliche Themen (Sport!) feiern, eine Fülle von Belegen. Gegenstände und Waren, die in Reih' und Glied geordnet präsentiert werden, reichen von den adrett sortierten Kaffeetassen und den aus Altblech gestanzten Dosen über geheimnisvoll in Szene gesetzte Büroklammern und andere Schreibtischutensilien bis hin zur geradezu heroisch aufgestellten Geschützmunition. Begleitet werden solche Bilder, je nach Stimmung, von fröhlicher bis düster dräuender Musik. Die in perfekter Ordnung aufge-

---

219  Jürgens, Martin: Der Staat als Kunstwerk. S. 127.

stellte Munition ist als Bild und in der Realität identisch mit den gesichtslosen Uniformträgern. Die Verwandlung der Menschen in Menschenmaterial ist auch das Ergebnis ihrer ästhetischen Transformation – Ergebnis einer totalitären „Reichsdramaturgie".

Solche Materialinszenierungen stehen im Einklang mit den Empfehlungen des Reichsamtes „Schönheit der Arbeit" und der dort in einem Handbuch[220] vorgegebenen „Ordnung und Sauberkeit am Arbeitsplatz"[221]. Wie rigoros sich die Unterwerfung unter einen totalitären Ordnungsbegriff entwi-

---

220  Das Taschenbuch Schönheit der Arbeit.

221  Das Taschenbuch Schönheit der Arbeit. Kapitel III: Der Arbeitsraum (S. 57 ff.): „Ordnung und Sauberkeit am Arbeitsplatz ist die Grundlage einer guten Arbeit. [...] und wem diese Ordnungsliebe einmal in Fleisch und Blut übergegangen ist, der wird sie auch nicht als lästige Pedanterie empfinden, [...]". (S. 68) Die auf den folgenden Seiten angeführten Fotobeispiele sind eine vorbildliche „Kollektion von geordneten Strukturen, z.B. Umkleideschränke (S. 106/107), eine „vorbildliche Montagehalle" (S. 67), einheitliche Arbeitskleidung (S. 77), selbst die „Fahnenecke in einem kleinen Betrieb" bleibt nicht ausgespart (S. 135). Dem Parallelbegriff zu Ordnung, der Sauberkeit, gilt entsprechend große Aufmerksamkeit: „Die gewissenhafte und sorgfältige Pflege der Ordnung und Sauberkeit ist von grundlegender Bedeutung für das Entstehen einer Atmosphäre, in der sich der Gedanke ‚Schönheit der Arbeit' voll entwickeln kann. Sauberkeit und Ordnung in allen Äußerlichkeiten wie auch in der inneren Haltung aller Betriebsangehörigen sind die lebendige Zelle, deren allmähliches Wachstum in der Verwirklichung des ‚Nationalsozialistischen Musterbetriebs' den natürlichen Höhepunkt erreicht." (S. 48) In diesem Sinne wird im Taschenbuch „Schönheit der Arbeit" auch die Ordnung einer „gut eingerichteten Massenduschanlage" (S. 115) oder „Ansicht und Grundriß einer vorbildlichen

ckelt hat, zeigt die Feier zu Hitlers 44. Geburtstag. Selbst die als Tischdekoration aufgestellten und mit miniaturisierten Hakenkreuzen verzierten Geburtstagskerzen gehorchen der staatlich vorgegebenen Ordnung und stehen in Reih' und Glied auf dem Tisch.

*Abb. 23 44. Geburtstag Hitlers 20. April 1933: Tischdekoration mit hakenkreuzverzierten Kerzen.*

Die vollständige „Internalisierung eines formalen [...] Ordnungsbegriffs"[222], der alle gesellschaftlichen Ebenen und Lebensbereiche durchdringt, ist eine Voraussetzung für die Identifizierung der Massen im Theater der Straße mit dem Ganzen, dem Staat und seinen ästhetischen Repräsentationsformen. Aus der monumentalen Architektur der Szenerie und

---

Abortanlage" (S. 117) mit exemplarischem Bildmaterial ausführlich propagiert.

222 Jürgens, Martin: Der Staat als Kunstwerk. S. 127.

der Massenregie ergibt sich äußerst effektiv der erste Impuls zur Unterwerfung und zu bedingungslosem Gehorsam. Die Freiwilligkeit dieser Unterwerfung erklärt sich nicht zuletzt aus der Psychopathologie des zwiespältigen, doppelperspektivischen Umgangs mit der Autorität: der Unterwerfung nach oben bei gleichzeitiger Unterdrückung nach unten. Die Identifizierung mit einer höheren Macht ist typisches Merkmal einer frühkindlichen Sozialisation in einem autoritären Familienumfeld[223]. Eine nicht unwichtige Rolle bei der Konstitution eines autoritären Charakters spielt dabei, neben anderen Aspekten, auch die frühe Ausprägung eines übertriebenen Reinlichkeits- und Ordnungszwangs. Die Psychologie hat in diesem Zusammenhang klare Erkenntnisse geliefert, deren Wiederholung sich hier erübrigt. Die Übertragung solcher individueller Erfahrungen in das kollektive Erfahrungswissen der Gesellschaft und das daraus u. a. resultierende Handeln ergeben die Disposition zur Unterwerfung.

Die Durchformung des öffentlichen und privaten Lebens mit exzessiven Ordnungsstrukturen entpuppt sich als ein zentrales Element faschistischen Totalitätsanspruchs. In Verbindung mit dem exzessiven Führerkult ergibt sich eine entsprechende Disposition für das Funktionieren der nationalsozialistischen Vereinnahmung der Wirklichkeit. Ein extremes Beispiel dafür ist die völlige Selbstpreisgabe und Willenlosigkeit der versammelten Massen anlässlich der 1943 von Goebbels in Berlin gehaltenen Sportpalastrede mit dem Aufruf zum totalen Krieg und der im Massenaufschrei erfolgenden Zustimmung zur Selbstvernichtung. Die Formeln vom „nationalsozialistischen Theater der Straße" und auch die von der Reichsdramaturgie, gleichwohl hier perfekt in

---

223   Vgl. Fromm, Erich: Autorität und Familie. S. 284 und S. 294.

Szene gesetzt, greifen angesichts dieses „Dramas" der Volksgemeinschaft zu kurz.

## Die Macht der Bilder

Die in Heribert Münklers Analysen der fortschreitenden „Theatralisierung der Politik"[224] im 20. Jahrhundert aufgestellte These vom grundsätzlichen „Wandel des Leitmediums politischer Kommunikation"[225], nämlich die „schleichende Ersetzung des Wortes durch das Bild, der Ersetzung der Zeitung als Hauptinformationsmedium durch das Fernsehen"[226], ist durch die Reichsdramaturgie der Nationalsozialisten bestätigt. Die Bildmächtigkeit der vom Dritten Reich inszenierten politischen und bis in die feinsten Verästelungen des alltäglichen Lebens reichenden Szenarien ist wesentliches Element ihrer Verführungsstrategien. Wie stark die Suggestivkraft solcher Bilder bis in die Gegenwart geblieben ist, hat Robert S. Wistrich 1996 in der einleitenden Reflexion seines Buches „Ein Wochenende in München"[227] thematisiert. Bei der „Aufarbeitung des Bildmaterials"[228] ist selbst ihm, dem Historiker, noch einmal bewusst geworden, welch „enorme suggestive Kraft [in der Mythologie der Nazis] verborgen [ist], die mit den von ihr ausgelösten Emotionen, Bildern und Fantasien eine verführerische Wirkung zeigt, die man nicht

---

224 Münkler, Herfried: Die Theatralisierung der Politik. S. 155 ff.
225 Münkler, Herfried: Die Theatralisierung der Politik. S. 155.
226 Münkler, Herfried: Die Theatralisierung der Politik. S. 155.
227 Wistrich, Robert S.: Ein Wochenende in München. S. 10 ff.
228 Wistrich, Robert S.: Ein Wochenende in München. S. 11.

unterschätzen sollte."[229] Einer solchen Erfahrung entgegenzutreten sollte durch ein rationales, wissenschaftliches, methodisch abgesichertes Erkenntnisinteresse nicht allzu schwer sein. Aber dennoch sind Wistrichs warnende Worte ernst zu nehmen. Wistrich spricht von einem „tödliche[n] Gift"[230], das sich in der von ihm mit großem Unbehagen festgestellten Vermarktung des Themas „Hitler" bzw. „Nationalsozialismus" in der „zeitgenössischen Massenkultur verbirgt"[231]. Diese Erkenntnis macht die Belastung bewusst, die auf dem historischen Diskurs aktuell liegt:

> „Die Schnelligkeit, mit der die Unterhaltungsmedien diesen Aspekt des Nazismus seit den siebziger Jahren in Kinofilmen und Fernsehsendungen vermarktet haben, ist ein warnendes Signal. Auch wenn rein kommerzielle Interessen zweifellos eine ebenso wichtige Rolle bei diesem Hitler-Boom spielten wie eine mögliche dunkle Sehnsucht nach der Nazi-Vergangenheit, so bietet diese Erkenntnis nur einen schwachen Trost. Auch die Pop Art hat ihre Rolle bei dieser Nivellierung und Aushöhlung des Geschichtsgedächtnisses gespielt. Dies lässt sich überall in der Art und Weise beobachten, wie Nazi-Insignien und -Abzeichen, Embleme und Symbole des Dritten Reiches von Hakenkreuzen und ‚Sieg Heil'-Grüßen bis zu schwarzen Springerstiefeln, zum Bestandteil einer Popkultur geworden sind. Uniformen der SS

---

229 Ich will nicht verhehlen, dass die jüngste, rasend schnelle Wiederbelebung und Radikalisierung nationalistischer und rechtsradikaler Äußerungen und Handlungen in Deutschland angesichts des Zustroms von Flüchtlingen aus den Kriegsgebieten im Nahen Osten und anderer Regionen eine geradezu unerträglich schrille Begleitung und Behinderung bei der Entstehung des vorliegenden Buches darstellten.

230 Wistrich, Robert S.: Ein Wochenende in München. S. 11.

231 Wistrich, Robert S.: Ein Wochenende in München. S. 11 auch Münkler, Herfried: Die Theatralisierung der Politik. S. 156.

und der Sturmtruppen, Hitler-T-Shirts und die gewaltverherr-
lichende Musik der Skinheads und Neonazis wirken immer
noch anziehend auf Teile der Jugendkultur in Ost und West.
Für einige junge Leute mögen diese Symbole nicht viel mehr
als ein zeit- und altersgemäßer sozialer Protest sein. Für andere
scheinen Nazi-Embleme nichts weiter als politisch inhaltslose
Dekorationen darzustellen.

Hinter diesen Symbolen verbirgt sich jedoch ein tödliches Gift,
das man nicht übersehen darf. Hitlers Name und der mit ihm
verbundene Kult symbolisieren die nihilistischen Impulse der
westlichen Kultur in ihrer gesamten Düsternis. Dennoch ist
der Nationalsozialismus, der beispiellose Verbrechen hervor-
gebracht hat, indem er die schlimmsten Zerstörungstriebe
der Menschheit freisetzte, heute zu einem beliebigen Mode-
und Unterhaltungsthema der zeitgenössischen Massenkultur
verkommen."[232]

Dass wir heute generell in einer Kultur leben, „die sich mehr
und mehr von der Kraft der Bilder leiten läßt"[233], ist unbe-
streitbar. Der durch mediale Inszenierungen veränderte Blick
auf die Realität ist insofern beunruhigend, als „Bilder sehr
viel schneller bestimmte Interpretationsmuster aktivieren als

---

232 Wistrich, Robert S.: Ein Wochenende in München. S. 11.
233 Münkler, Herfried: Die Theatralisierung der Politik. S. 156. –
    Münkler vergleicht diese Art der Darstellung mit der „Teicho-
    skopie, der Mauerschau" (S. 157) des klassischen Theaters"
    und benennt eine Reihe von inszenierten „Pseudoereignisse[n],
    die „nur dazu da sind, Politiker ins Bild zu bringen und Bilder
    zu liefern [...], deren einzige Funktion darin besteht, die noto-
    rische Invisibilität des eigentlichen politischen Geschehens zu
    kompensieren" (S. 158).

Worte und daß sie dies nicht offen und erkennbar, sondern schleichend und verdeckt tun."[234]

Da „Politik als Handlungssystem [...] wenig visibel ist"[235], weicht die Vermittlung politischer Botschaften zunehmend auf die Inszenierung der Rahmenbedingungen und Präsentationstechniken des politischen Personals aus. Das „Wie" löst das „Was" ab. Ein spezifischer „Personenkult"[236] entsteht, der „wichtiger wird als die politischen Programme"[237]. In einer Gesellschaft, die zur „Erlebnisgesellschaft" mutiert ist[238], in der die „soziale Konstruktion der Wirklichkeit" einer „Fabrikation von Subjektivitätsschemata" gleicht[239], verliert das Objektive seinen Eigen-Sinn. Die Sinnstiftung verlagert sich auf die Ebene der gemeinsamen „intersubjektive[n] Erfahrung"[240] inszenierter Ereignisse. In einem Dreischritt von „man erlebt, man erlebt gemeinsam, man erlebt etwas Wirkliches"[241] verständigen sich „Menschen [bei inszenierten Ereignissen] über das Objektive: über die von ihnen gemein-

---

234  Münkler, Herfried: Die Theatralisierung der Politik. S. 156. – Vgl. auch Wistrich, Robert S.: Ein Wochenende in München. S. 12: „In der westlichen Welt wird man heute keinen ernsthaften Kandidaten für ein hohes Amt finden, der nicht von einem Troß von Presseagenten, Wahlstrategen, Meinungsforschern, Werbegurus, Redenschreibern und Medienberatern umgeben ist." (S. 12)

235  Wistrich, Robert S.: Ein Wochenende in München. S. 12.

236  Wistrich, Robert S.: Ein Wochenende in München. S. 12.

237  Wistrich, Robert S.: Ein Wochenende in München. S. 12.

238  Schulze, Gerhard: Die Erlebnisgesellschaft, und Schulze, Gerhard: Kulissen des Glücks.

239  Schulze, Gerhard: Kulissen des Glücks. S. 13.

240  Schulze, Gerhard: Kulissen des Glücks. S. 71.

241  Schulze, Gerhard: Kulissen des Glücks. S. 69 und S. 72.

sam angenommene Wirklichkeit."[242] Schulze spricht hier von Publikums- bzw. Erlebnisgemeinschaften[243] und führt als Beispiele an: „Sissi wurde etwa in den fünfziger Jahren zur Metapher für eine gütige Obrigkeit. In Großereignissen inszenierte sich die Nation als Herrenvolk."[244] In „Erlebnisgemeinschaften verstärkt sich der Appeal des wahrgenommenen Geschehens oft zu hypnotischer Kraft. Die Faszination des Einzelnen, der beim Torschuss aufschreit, erwächst zu einem guten Teil aus der Wahrnehmung, dass viele andere gleichzeitig aufschreien."[245] Diese Wahrnehmung ist Ursache für die Entstehung einer „Synchronisation der Subjekte", die z. B. „erfahrbar im Schweigen, im Applaus, im Aufschrei"[246] wird. Eine solche „Gleichzeitigkeit der Äußerungen wird als Gleichzeitigkeit des Innenlebens gedeutet"[247] und „gewinnt […] eine Überzeugungskraft, die das allein Erlebte so gut wie nie erreicht."[248] Das so entstandene

> „geglaubte Objektive hat viele Gesichter. Es erscheint als sozialer Tatbestand, als Naturgesetz, als metaphysisches Wesen, auch als Erkenntnis des eigenen Gegebenseins: ‚ja, so sind wir'. Was inszenierte Ereignisse so brisant macht, so chancenreich, aber auch so gefährlich, ist nach dem Drei-Sphären-Paradigma das gemeinsame Erlebnis von Deutungsmustern"[249].

Schulzes Überlegungen beschreiben das Funktionieren der Massensuggestion der nationalsozialistischen Reichsdrama-

---

242  Schulze, Gerhard: Kulissen des Glücks. S. 71.
243  Schulze, Gerhard: Kulissen des Glücks. S. 72.
244  Schulze, Gerhard: Kulissen des Glücks. S. 72.
245  Schulze, Gerhard: Kulissen des Glücks. S. 72.
246  Schulze, Gerhard: Kulissen des Glücks. S. 72.
247  Schulze, Gerhard: Kulissen des Glücks. S. 72.
248  Schulze, Gerhard: Kulissen des Glücks. S. 72.
249  Schulze, Gerhard: Kulissen des Glücks. S. 72.

turgie, ohne dass er explizit darauf Bezug nimmt.[250] Doch damit nicht genug. Er bietet darüber hinaus auch beunruhigende Klarheit über die personenunabhängige strukturelle Disposition einer Gesellschaft, deren Gefährdung durch die beschriebenen Muster heute so groß ist wie einst.

Nachdem die „Menschen das Objektive als Orientierungsvorgabe durch die Orientierung auf sich selbst ersetzt haben, lassen sie es durch die Hintertür wieder herein und setzen es ausgerechnet an den Platz, den sie sich als Zentrum ihrer Subjektivität vorstellen."[251] Doch es bleibt unklar, welchem Imperativ man folgen soll bzw. kann:

„Deshalb gibt es einen tiefen Wunsch nach Beherrschtwerden. Der Glaube, nach dem viele am dringendsten suchen, ist der Glaube daran, dass man etwas Bestimmtes ist, etwas Bestimmtes will, und es sich auf bestimmte Weise verschaffen kann. Gestalterfindungen, die man sich in einem Akt lustvoller ästhetischer Unterwerfung aneignet, indem man ihre Urheber charismatisch überhöht, wurden zu einer heftig nachgefragten Dienstleistung. Weltweite Wogen der Charismatisierung spülen ständig andere beliebige Personen aus dem Nichts nach oben: Popstars, Models, Schauspieler, Moderatoren, Sportler. In atemberaubend kurzer Zeit

---

250  Allerdings deutet Schulzes Hinweis „Goebbels war ein Genie der Orchestrierung kollektiver Selbsterfahrung in großen Inszenierungen von Ideologie mit den Mitteln moderner Technik – Scheinwerfer, Lautsprecher, Monumentalarchitektur, massenhafter Verstärkung" (Kulissen S. 71) durchaus darauf hin, dass ihm das Funktionieren der nationalsozialistischen Reichsdramaturgie im Kontext seiner Überlegungen präsent war.

251  Schulze, Gerhard: Kulissen des Glücks. S. 77.

erlangen sie Reichtum: alles Geld der Welt für suggestive Gestaltgebung."[252]

## Auszug aus der Wirklichkeit

Ein besonders auffälliges und in seiner massensuggestiven Wirkung extrem ambivalentes Beispiel dieser Art soll zum Abschluss diskutiert werden. In den 1980er und 1990er Jahren war Michael Jackson die alles beherrschende Ikone der Popkultur. Es ist nicht übertrieben, zu behaupten, dass weltweit nahezu jeder Heranwachsende, ob Kind oder Jugendlicher, durch Jacksons Songs geprägt wurde, und das nicht nur durch die Musik sondern zusätzlich durch die visuelle Präsentation in den Musikvideos.

Der Videoclip *Heal the World* (gesehen u.a. in MTV, Februar 1993). erzählt eine Geschichte, konfrontiert uns zunächst mit Bildern und Szenen, die tagtäglich durch die Medien verbreitet werden: Kriegsszenen, Soldaten mit ihrem Kriegsgerät, brennende Häuser, Gewalttaten, auch solche „ziviler" Art. Vor allem werden Kinder in solchen Szenen gezeigt, verlassene, misshandelte Kinder. Ihr Leiden wird in Szene gesetzt. Zuerst sind es nur wenige Kinder, dann tauchen mehr und mehr auf, zuerst einzeln, dann in Gruppen. Sie sind in Bewegung, streben einem unbekannten Ziel zu, treffen dabei auf die Soldaten. Scheinbar versöhnliche Situationen entstehen: da eine Blume, dort ein abgenommener Stahlhelm, ein Lächeln. Es werden immer mehr Kinder, sie sammeln sich. Sie folgen der Stimme des unsichtbaren Sängers.

Die Bilddramaturgie zeigt nunmehr einzelne Kinder, stellt ihre Gesichter heraus. Die Szenerie wechselt. Der Zug der

---

252   Schulze, Gerhard: Kulissen des Glücks. S. 77.

Kinder entfernt sich von den bewohnten Orten, scheint durch Wüsten zu pilgern, verlässt die Stätten der Zivilisation. Das Schlussbild versammelt alle Kinder mit großen, erwartungsvoll leuchtenden Augen (Großaufnahmen) und ebenso leuchtenden Kerzen an einem nicht näher definierten Platz. Die Kinder lauschen der Stimme des Sängers, die ihnen eine bessere Welt verspricht bzw. zu ihr aufruft: „Heal the world!"

Als Person taucht Michael Jackson während des ganzen Vorgangs nicht auf. Seine Stimme kommt aus dem Off, schwebt verheißungsvoll und die Kinder magisch anziehend über den Szenen. Die Blicke der massenhaft Versammelten sind in die Ferne gerichtet, dorthin, woher die Stimme des Heils kommt.

Der Ort, an dem die Kinder versammelt werden, ist auf den ersten Augenschein ein Ort der Unbestimmtheit, irgendwo in einer Wüstenlandschaft. Ein Ort außerhalb der Welt, ein Ort auch außerhalb der Geschichte. In einer riesigen Freiluftarena lauschen die Kinder der Botschaft des Popsängers Michael Jackson. Sie sind Zuhörer (und Zuschauer) wie in einem Pop- bzw. Rockkonzert. Die konfliktreichen Szenen des Anfangs sind verschwunden – vergessen.

Der Versammlungsort dieser Kinder ist aber mehr als nur ein Ort außerhalb der Geschichte und der sozialen Welt, er stellt sich dar als Arena eines Popkonzerts, als Schauplatz eines in sich geschlossenen ästhetischen Spektakels: Der Videoclip selbst definiert die von ihm besungene bessere Welt als einen Ort der Unterhaltungsindustrie. Dorthin hat der Sänger sie geführt. Diese bessere Welt wird identisch mit dem Medium und seiner Botschaft.

Als moderner Rattenfänger führt Michael Jackson die Kinder aus der Wirklichkeit heraus und in die Arena einer künstlichen Welt. Wie in der historischen Rattenfänger-Geschichte auch werden die Kinder hier verraten und verkauft – diesmal an die Musikindustrie. Sie werden zu potentiellen Konsumenten und Käufern. *Heal the world* ist käuflich zu erwerben als Konzert und als CD. Der Mythos einer besseren Welt entlarvt sich als ein gutes Geschäft.

Auf der strukturellen Ebene vollzieht sich der Prozess der Verwandlung eines geschichtlichen Ortes zur bloßen Kulisse einer vielfältig verwendbaren Spielszene Sie mündet in eine Illusion, der sich die Kinder hingeben sollen (und im Video auch hingeben).

Die Erscheinung des Popstars als Person ist nicht mehr nötig. Sein Charisma funktioniert auch abgelöst von seiner körperlichen Präsenz. Die Stimme des Sängers genügt: Das Kinder-Publikum folgt seiner Verführung widerstandlos, unterwirft sich lustvoll und arglos der Suggestion einer Erlösung der Welt.

Der Versammlungsort hat keine andere als eine ökonomische Bedeutung. Er ist als Ort ebenso verfügbar und beliebig verwertbar, wie die Kinder es als Akteure und als Publikum sind.

## Enthistorisierung als Normalisierung im Umgang mit Zeitgeschichte?

Welche Auswirkungen die Enthistorisierung eines geschichtlich bedeutsamen Ortes auf das Bewusstsein und den Umgang mit ihm haben kann, hat Peter Steinbach unlängst auf sehr eindrucksvolle Weise klar gemacht. Im Essay „Nach Auschwitz"[253] bezieht er sich auf ein Interview, das Peter Eisenman, der Architekt des Berliner Denkmals für die ermordeten Juden, 2010 in der Zeitschrift „Junge Freiheit" gegeben hat. Eisenman hat dieses vielbeachtete und vieldis-

---

253  Steinbach, Peter: Nach Auschwitz. S. 96 ff.

kutierte Denkmal als „einen bedeutungsleeren Raum" beschrieben, „der beliebige Assoziationen ermöglicht"[254]. Die bereits in einer solchen Beschreibung liegende Distanzierung unterstreicht der hochangesehene Architekt durch weitere Äußerungen, in denen er zu verstehen gibt, dass „sein Denkmal [...] nicht [Hervorhebung von G. R.] Absicht und Sinn [habe], ein Bekenntnis zur Auseinandersetzung mit dem Verbrechen des Völkermordes an den europäischen Juden abzulegen und auf eine bewegende, beeindruckende Weise an die Massenmorde zu erinnern."[255]

Diese überraschende Selbsteinschätzung Eisenmans zitiere ich hier nicht in der Absicht, mich mit dem Selbstverständnis des Stararchitekten auseinander zu setzen. Dies sei anderen überlassen. Peter Steinbach rückt diesen Versuch Eisenmans, sogenannte „Normalität" im „Umgang mit der deutschen Zeitgeschichte"[256] herzustellen, mit klaren Worten zurecht und kritisiert solche „‚Normalisierung'" als „Synonym für gewollte und bewusste Verdrängung der NS-Zeit aus dem gegenwärtigen Geschichtsbewusstsein"[257]. So hat das Denkmal, das inzwischen als eine „Art von öffentlichem Erholungsraum"[258] genutzt wird, das ihm eingeschriebene historische Gedächtnis verloren.

---

254  Steinbach, Peter: Nach Auschwitz. S. 96.
255  Steinbach, Peter: Nach Auschwitz. S. 96/97.
256  Steinbach, Peter: Nach Auschwitz. S. 97.
257  Steinbach, Peter: Nach Auschwitz. S. 97.
258  Steinbach, Peter: Nach Auschwitz. S. 98.

# Der „Schoß ist fruchtbar noch, aus dem das kroch!"

Die verheerenden Folgen, die sich daraus ergeben, erlebt man in Deutschland derzeit nur allzu deutlich. Als aktuelle Beispiele könnte man anführen: die Massenaufläufe beim Auftritt eines beliebten Youtube- oder Facebook-„Stars", die Millionen „Follower" irgendeines Phänomens im Internet, und nicht zuletzt Pegida und ähnliche Bewegungen. In der virtuellen Welt, die oftmals nahtlos zur realen wird, kann jeder vom Zuschauer zum Akteur werden bzw. vom „user" zum „follower". Für Reflexion bleibt beim schnellen Klicken oder Wischen für Mitläufer keine Zeit. Meinungsführer und andere Ver-Führer haben leichtes Spiel.

Bertolt Brechts Erkenntnis am Schluss seines Parabelstücks *Der aufhaltsame Aufstieg des Arturo Ui* hat an Aktualität und Richtigkeit nichts verloren:

> „Ihr aber lernet, wie man sieht statt stiert
> Und handelt, statt zu reden noch und noch.
> So was [gemeint ist Arturo Ui alias Adolf Hitler] hätt einmal
> fast die Welt regiert!
> Die Völker wurden seiner Herr, jedoch
> Daß keiner uns zu früh da triumphiert –
>
> Der Schoß ist fruchtbar noch, aus dem das kroch!"[259]

---

259 Brecht, Bertolt: Der aufhaltsame Aufstieg des Arturo Ui. S. 1835.

# Literatur

Bartetzko, Dieter: Zwischen Zucht und Ekstase. Zur Theatralik von NS-Architektur. Berlin: Gebr. Mann 1985.

Bohse Jörg: Inszenierte Kriegsbegeisterung und ohnmächtiger Friedenswille. Meinungslenkung und Propaganda im Nationalsozialismus. Stuttgart: Metzler 1988.

Benjamin, Walter: Das Kunstwerk im Zeitalter seiner technischen Reproduzierbarkeit. Drei Studien zur Kunstsoziologie. Frankfurt a. M.: Suhrkamp. 10. Auflage 1977 [zuerst 1966].

Blanck, Karl, und Heinz Haufe: Unbekanntes Theater. Ein Buch von der Regie. Mit 82 Szenenbildern. Stuttgart: Cotta 1941.

Bloch, Ernst: Erbschaft dieser Zeit (erweiterte Ausgabe). Frankfurt a. M.: Suhrkamp 1962 (= Ernst Bloch: Werkausgabe. 4.).

Brecht, Bertolt: Der aufhaltsame Aufstieg des Arturo Ui. Parabelstück In: Bertolt Brecht. Gesammelte Werke in 20 Bänden. Band 4. S. 1719–1835. Frankfurt a. M.: Suhrkamp 1967 (= Stücke. 4.)

Brecht, Bertolt: Der Messingkauf. In: Bertolt Brecht. Gesammelte Werke in 20 Bänden. Band 16. S. 500–657. Frankfurt a. M.: Suhrkamp 1967. (= Schriften zum Theater. 2.)

Brecht, Bertolt: Über eine nichtaristotelische Dramatik. In: Bertolt Brecht. Gesammelte Werke in 20 Bänden. Band 15. S. 227–336. Frankfurt a. M.: Suhrkamp 1967. (= Schriften zum Theater. 1.)

Das Taschenbuch Schönheit der Arbeit. Hrsg. v. Anatol von Hübbenet. Berlin: Verlag der Deutschen Arbeitsfront 1938.

Drewniak, Boguslaw: Das Theater im NS-Staat. Szenarium deutscher Zeitgeschichte 1933–1945. Düsseldorf: Droste 1983.

Fischer-Lichte, Erika: Theatralität und Inszenierung. In: Inszenierung von Authentizität. Hrsg. v. Erika Fischer-Lichte und Isabel Pflug. Tübingen/Basel: Francke 2000. (= Theatralität. 1). S. 11–27.

Fromm, Erich: Autorität und Familie. Sozialpsychologischer Teil (1936). In: Marxismus. Psychoanalyse. Sexpol. Hrsg. v. Hans-Peter Gente. Frankfurt/Hamburg 1970 (= Fischer Bücherei. 6056).

Gamm, Hans-Jochen: Der braune Kult. Das Dritte Reich und seine Ersatzreligion. Ein Beitrag zur politischen Bildung. Hamburg: Rütten & Loening 1962.

Glaser, Hermann: Wie Hitler den deutschen Geist zerstörte. Kulturpolitik im Dritten Reich. Hamburg: Ellert & Richter 2005.

Goebbels, Joseph: Signale der neuen Zeit. 25 ausgewählte Reden. Berlin: Zentralverlag der NSDAP 1934.

Günther, Sonja: Design der Macht. Möbel für Repräsentanten des >Dritten Reiches<. Lizenzausgabe Wiesbaden o. J. [zuerst Stuttgart: DVA].

Hitler, Adolf: Mein Kampf. München: Zentralverlag der NSDAP. 469.–473. Auflage 1939.

Jürgens, Martin: Der Staat als Kunstwerk. Bemerkungen zur „Ästhetisierung der Politik". In: Kursbuch 20. Frankfurt a. M.: Suhrkamp 1970. S. 119–139.

Ketelsen, Uwe-Karsten: Heroisches Theater. Untersuchungen zur Dramentheorie des Dritten Reiches. Bonn: Bouvier 1968. (= Literatur und Wirklichkeit. 2.)

Ketelsen, Uwe-Karsten: Von heroischem Sein und völkischem Tod. Zur Dramatik des Dritten Reiches. Bonn: Bouvier 1970. (= Abhandlungen zur Kunst-, Musik- und Literaturwissenschaft. 96)

Ketelsen, Uwe-Karsten: Völkisch-nationale und nationalsozialistische Literatur in Deutschland 1890–1945. Stuttgart: Metzler 1976. (= Sammlung Metzler. 142.)

Kießling, Regine, Gisela Kraut und Ulrich Wanitzek: Großbauten des Staates und der Partei. In: Kunst im Dritten Reich. Dokumente der Unterwerfung. Frankfurt a. M.: Frankfurter Kunstverein 1975. S. 50–67.

Klassiker in finsteren Zeiten 1933–1945. Eine Ausstellung des Deutschen Literaturarchivs im Schiller-Nationalmuseum Marbach a. N. Marbach: Deutsche Schillergesellschaft 1983. 2 Bände. (= Marbacher Katalog. 38)

Münkler, Herfried: Die Theatralisierung der Politik. In: Ästhetik der Inszenierung. Dimensionen eines künstlerischen, kulturellen und gesellschaftlichen Phänomens. Hrsg. v. Josef Früchtl und Jörg Zimmermann. Frankfurt a. M.: Suhrkamp 2001. (= edition suhrkamp. 2196). S. 144–163.

Nerdinger, Winfried (Hrsg.): Ort und Erinnerung. Nationalsozialismus in München. Salzburg/München: Pustet 2006.

Reichel, Peter: Der schöne Schein des Dritten Reiches. Faszination und Gewalt des Faschismus. 3. Aufl. München/Wien: Hanser 1996 [zuerst 1991].

Riefenstahl, Leni. Dargestellt von Mario Leis. Reinbek: Rowohlt 2009. (= rowohlt monographien. Band 50682)

Schlösser, Rainer: Das Volk und seine Bühne. Bemerkungen zum Aufbau des deutschen Theaters. Berlin: Langen/Müller 1935. (= Bücherei für Spiel und Theater. 1)

Schulze, Gerhard: Die Erlebnisgesellschaft. Kultursoziologie der Gegenwart. Frankfurt/New York: Campus 1992.

Schulze, Gerhard: Kulissen des Glücks. Streifzüge durch die Eventkultur. Frankfurt a. M./Wien/Zürich: Büchergilde Gutenberg (Lizenzausgabe) o. J. [zuerst Campe 1999].

Steinbach, Peter: Nach Auschwitz. Die Konfrontation der Deutschen mit der Judenvernichtung. Bonn: Dietz 2015.

Stollmann, Rainer: Faschistische Politik als Gesamtkunstwerk. Tendenzen der Ästhetisierung des politischen Lebens im Nationalsozialismus. In: Die deutsche Literatur im Dritten Reich. Themen – Traditionen – Wirkungen. Hrsg. v. Horst Denkler u. Karl Prümm. Stuttgart: Reclam 1976. S. 83–101.

Stollmann, Rainer: Ästhetisierung der Politik. Literaturstudien zum subjektiven Faschismus. Stuttgart: Metzler 1978.

Wagner, Frank Dietrich: Hitler und die Theatralik des Faschismus. Brechts antifaschistischer Diskurs. In: Zs. f. Deutsche Philologie 101. 1982. S. 561–583.

Wistrich, Robert S.: Ein Wochenende in München. Kunst, Propaganda und Terror im Dritten Reich. Frankfurt/Leipzig: Insel 1996 [zuerst London 1995].

Wulf, Joseph: Theater und Film im Dritten Reich. Eine Dokumentation. Reinbek: Rowohlt 1966 [zuerst 1964].

# Abbildungsnachweis

Abb. 9–14; Abb. 17: Bundesarchiv Koblenz; Abb. 21: akg-images Berlin; Abb. 1–3, 6–7, 19: Blanck, Karl, und Heinz Haufe: Unbekanntes Theater. Ein Buch von der Regie. *Mit 82 Szenenbildern. Stuttgart: Cotta 1941. Abb. 22*: Das Taschenbuch Schönheit der Arbeit. Hrsg. v. Anatol von Hübbenet. Berlin: Verlag der Deutschen Arbeitsfront 1938.
Trotz intensiver Recherche konnten die Rechteinhaber nicht in allen Fällen ermittelt werden.
Betroffene mögen sich bitte über den Verlag mit dem Autor in Verbindung setzen.